Así Predicó Jesús

Alfonso Valenzuela

A no ser que se indique de otra manera, todas las citas de las Sagradas Escrituras están tomadas de la versión Reina Valera 1960.

Printed in the United States of America

Diseño de la portada: Giovanni Pleitez.

ISBN 0-9763167-3-0

Producción y distribución:

Living Ministry
Pasadena, California
Livingministry.com

Tabla de Contenido

Dedicado a la memoria del

Dr. Fernando Cardona Rivera

A quien recordamos con mucho cariño

Prefacio

La predicación es una de las grandes encomiendas dadas a la iglesia por nuestro Señor Jesucristo (Mateo 24:14); por lo tanto, la tarea de predicar es una de las mayores responsabilidades de todos los cristianos. La predicación es el medio seleccionado por Dios para la propagación de su mensaje de salvación (1 Corintios 1). El mensaje de las buenas nuevas requiere de la predicación para llevar a cabo su efectividad y poder transformador; en otras palabras, el evangelio, para poder realizar su obra, require de la predicación (Romanos 10). Por lo tanto, la importancia de la predicación es suprema.

John Stott afirma que "la predicación es indispensable para el cristianismo, ya que sin ésta se perdería una parte esencial de su autenticidad" ya que "el cristianismo en su más pura esencia, es una religión de la Palabra de Dios".[1]

La tarea del predicador tiene como propósito central el presentar a Dios a la audiencia y llevarla delante de su

---

[1] John W. R. Stott, *Between Two Worlds: The Art of Preaching in the Twentieth Century* (Grand Rapids, MI: Eerdmans Publishing, 1982), 15.

presencia. Como indica Charles Bugg, "nuestra tarea consiste en llevar a la audiencia a la presencia de Dios plenamente manifestado en la persona del Hijo Jesucristo".[2]

Jesús fue un maestro en el arte de la predicación. Es nuestro ejemplo en todo, y por lo tanto el predicar como Jesús es el gran deseo y anhelo de todo predicador. ¿Cómo predicaba Jesús? ¿Cuál era su método? ¿Cuáles eran sus técnicas? ¿Cuál era su contenido? ¿Cómo podemos preparar sermones similares a los de Jesús? Estás son algunas de las preguntas que se tratarán de contestarse en la presente obra.

Después de enseñar por varios años la materia sobre Predicación Bíblica, surgió la inquietud de tener este material por escrito para beneficio no solamente de los estudiantes y pastores sino también de todos los hermanos y hermanas de iglesia que comparten el alimento espiritual a las congregaciones a través de la predicación.

La intención inicial fue incluir este material en mi otra obra titulada *La Exposición del Mensaje Divino*, donde trato temas relacionados con la homilética, la exégesis, la hermenéutica, técnicas de predicación, y otros temas relacionados con la predicación, pero al notar la calidad y cantidad del material sobre la predicación de Jesús, decidí que era mejor preparar otro libro. La lectura del otro volumen será de gran utilidad y fundamento para un mejor entendimiento de la presente obra, especialmente en la preparación de sermones deductivos. Si esta obra lleva por título "Así predicó Jesús", la otra podría titularse "Así predicó San Pablo".

La predicación de la Palabra de Dios no es fácil. Requiere mucha preparación de parte del predicador para

---

[2] Charles B. Bugg, *Preaching from the Inside Out* (Nashville, TN: Broadman Press, 1992), 11.

poder entregar algo rico, nutritivo y balanceado a la congregación. Para ello es que se han escrito tantas obras, especialmente en inglés. Desafortunadamente existe poco material en español, y de allí la relevancia del material que aquí se presenta.

Para el cristiano que se deleita en contemplar a Jesús en todas las esferas de su vida, encontrará gozo al leer el capítulo uno y ver a Jesús dedicado y trabajando incesantemente en la importante tarea de la predicación bíblica. El capítulo dos presenta los dos métodos que existen para preparar sermones: el inductivo y el deductivo. Para entender mejor el método inductivo es importante contrastarlo con el deductivo y eso es lo que se presenta en dicho capítulo, el cual sirve a manera de introducción para el siguiente capítulo, en el cual se identifica el método de predicación de Jesús. Jesús predicó inductivamente, el cual es el método hebreo por excelencia. El uso de la narrativa, característica esencial en el método inductivo, domina en el Antiguo Testamento y también es el método que más se utiliza en los Evangelios.

En el capítulo cuatro se presentan conceptos que ayudan a entender la predicación narrativa y en el capítulo cinco se discuten modelos contemporáneos de predicación inductiva. El capítulo seis es de mucha importancia ya que se indican pasos prácticos para la preparación de sermones inductivos. Se mencionan ideas que pueden ayudar grandemente a todo predicador a elaborar y entregar mensajes semejantes a los del Maestro.

Deseo expresar mi más sincera gratitud a todas aquellas personas que hicieron posible la elaboración de esta obra. Estoy en deuda con los pastores de la División Norteamericana en el programa de Maestría en Ministerio por sus ideas que fueron puliendo esta obra, especialmente al dedicado y muy erudito pastor Antonio Rosario por su ayuda en la estructura general de este libro y por las investigaciones que realizó para un mejor entendimiento de este tema.

Al Dr. Haroldo Guízar por compartir la fenomenal investigación realizada para la elaboración de su tesis doctoral acerca de la predicación narrativa. Al Dr. Frank Ottati quien proveyó también mucha investigación al desarrollar su tesis doctoral sobre la predicación. Al pastor Alberto Alonso Valenzuela por su constante ánimo. Al Dr. Eradio Alonso por su contagioso entusiasmo hacia la predicación bíblica. Al Dr. Ricardo Norton, por sus muy acertados comentarios sobre el tema de la predicación y por su excelente trabajo editorial. A Bonnie Knight, Rebeca Ceballos y Leticia Marsollier por su dedicado trabajo en la escritura y revisión del material contenido en este libro.

No puedo dejar de mencionar el apoyo y la inspiración que recibo constantemente de mi querida familia: Mi esposa Jeanine, mis hijos Veruschka y Alan; y muy especialmente a nuestro nuevo hijo, Gustavo Zárate.

Y muy especialmente quiero agradecer al equipo de Living Ministry, mis queridos compañeros de batalla, porque sin ellos este proyecto no se habría realizado. Gracias Gustavo, gracias Veru, gracias Jeanine!

La intención de esta obra es ayudar a todos aquellos que sienten la encomienda de predicar la Palabra para que la preparación y la entrega de sus sermones sea semejante a la de nuestro Señor Jesús.

Alfonso Valenzuela
Andrews University

1

Jesús el Predicador

Jesús fue un predicador. Un gran predicador. El maestro y el ejemplo de los predicadores. El predicador ideal, ya que vivía exactamente lo que predicaba. Era la perfecta conección entre el cielo y la tierra.

Goodwin afirma que Dios tuvo un solo hijo y lo hizo un predicador, lo cual debe ser de gran ánimo para todo predicador. Los predicadores modernos comparten la misma profesión que el Hijo de Dios.

El evangelio de San Marcos nos dice:

Jesús vino a Galilea, predicando el evangelio del reino de Dios (Marcos 1:14).

Con estas palabras se introduce el inicio del ministerio de nuestro Señor Jesucristo. Después de comenzar su ministerio Jesús aparece como un predicador. "Jesús vino predicando".

Cristo estableció los cimientos de su Evangelio a través de la predicación. Anduvo por esta tierra predicando por los caminos y las aldeas. El Espíritu de Dios estuvo sobre él ungiéndolo para predicar el Evangelio a los pobres.[1]

La tarea de Jesús

Jesús describió la predicación como su gran tarea en esta tierra: "El les dijo: Vamos a los lugares vecinos, para que predique también allí; porque para esto he venido" (Marcos 1:38). El vino del Padre a los hombres para proclamar el mensaje de salvación y esto lo presenta claramente como su misión:

> El Espíritu del Señor está sobre mí, por cuanto me ha ungido para dar buenas nuevas a los pobres; me ha enviado a sanar a los quebrantados de corazón; a pregonar libertad a los cautivos, y vista a los ciegos; a poner en libertad a los oprimidos; a predicar el año agradable del Señor (Lucas 4:18-19).

> Pero él les dijo: Es necesario que también a otras ciudades anuncie el evangelio del reino de Dios; porque para esto he sido enviado. Y predicaba en las sinagogas de Galilea (Lucas 4:43-44).

---

[1]Carlyle B. Haynes, *The Divine Art of Preaching* (Washington, D.C.: Review and Herald Publishing Association, 1939), 15.

Encontramos que en el evangelio de San Juan, Jesús es la Palabra en persona, mientras que en los Evangelios Sinópticos (Mateo, Marcos y Lucas), es el heraldo que proclama la verdad.[2]

Jesús es no sólo el ejemplo, sino la fuente principal de la predicación bíblica. Es decir, para todo predicador, Jesús es el modelo a imitar al predicar y a la vez es el centro de toda predicación bíblica, de allí la importancia de estudiar detalladamente su vida y obra, especialmente su predicación.

Por lo tanto, una pregunta de suprema importancia es: ¿Cómo predicaba Jesús?

La predicación de Jesús

Acerca de la animosidad que había en la predicación de Jesús, se nos dice lo siguiente: "Jesús, el más grande maestro del mundo, era tranquilo, ferviente, impresionante con sus discursos".[3] Tranquilo, ferviente, e impresionante. Tres características muy importantes acerca de la predicación efectiva de nuestro Señor. Como veremos más adelante, Jesús era más bien ferviente que vehemente en su predicación. ¿Cuál es la diferencia entre vehemente y ferviente?

El diccionario define la palabra *vehemente* como: "Que mueve o se mueve con ímpetu y violencia". La palabra *ferviente* viene del latín "fervir", que significa "que

---

[2]Gerhard Kittel, ed., *Theological Dictionary of the New Testament* (Grand Rapids, Michigan: William B. Eerdmans Publishing Company, 1977), vol. 3, 706.

[3]E. G. White, Carta 47, 1886.

hierve, calor ardiente; celo ardiente y afectuoso hacia las cosas de piedad y religión. Eficacia con que se hace una cosa".

Así que Jesús, aunque tranquilo en su predicación, tenía el calor, el celo ardiente y afectuoso, lo cual hacia de su predicación algo muy impresionante. Lo hacía con eficacia, sin utilizar el ímpetu y la violencia. En la voz de Jesús:

> ...había una dulce melodía. Su voz, expresada con lentitud y calma, llegaba a sus oyentes, y sus palabras penetraban en sus corazones, y ellos eran capaces de aprehender lo que él había dicho antes de que pronunciara la frase siguiente.[4]

"Cristo dio discursos claros, íntimos, escrutadores y prácticos. Sus embajadores deben seguir su ejemplo en cada discurso".[5] Notemos otras cosas interesantes acerca de la predicación de Jesús.

> Jesús se encontraba con la gente en su propio terreno, como quien está familiarizado con sus perplejidades. Hacía hermosa la verdad presentándola de la manera más directa y sencilla. Su lenguaje era puro, refinado y claro como un arroyo cristalino. Su hablar era como música para los que habían escuchado las voces monótonas de

---

[4]Idem, *El evangelismo* (Buenos Aires, Argentina: Asociación Casa Editora Sudamericana, 1975), 486.

[5]Idem, *Joyas de los testimonios* (Mountain View, California: Publicaciones Interamericanas, Pacific Press Publishing Association, 1971), vol. 1, 528.

los rabinos. Pero aunque su enseñanza era sencilla, hablaba como persona investida de autoridad. Esta característica ponía su enseñanza en contraste con la de todos los demás. Los rabinos hablaban con duda y vacilación, como si se pudiese entender que las Escrituras tenían un significado u otro exactamente opuesto. Los oyentes estaban diariamente envueltos en mayor incertidumbre. Pero al enseñar, Jesús presentaba las Escrituras como autoridad indudable. Cualquiera que fuese su tema, lo exponía con poder, con palabras incontrovertibles.

Sin embargo, era ferviente más bien que vehemente. Hablaba como quien tenía un propósito definido que cumplir. Presentaba a la vista las realidades del mundo eterno. En todo tema, revelaba a Dios. Jesús procuraba romper el ensalmo de la infatuación que mantiene a los hombres absortos en las cosas terrenales. Ponía las cosas de esta vida en su verdadera relación, como subordinadas a las de interés eterno, pero no ignoraba su importancia. Enseñaba que el cielo y la tierra están vinculados, y que un conocimiento de la verdad divina prepara a los hombres para cumplir mejores los deberes de la vida diaria. Hablaba como quien está familiarizado con el cielo, consciente de su relación con Dios, aunque reconociendo su unidad con cada miembro de la familia humana.

Variaba sus mensajes de misericordia para adaptarlos a su auditorio. Sabía "hablar en sazón palabra al cansado" (Isaías 50:4) porque la gracia se derramaba de sus labios, a fin de inculcar a los hombres los tesoros de la verdad de la manera más atrayente. Tenía tacto para tratar con los espíritus llenos de prejuicios, y los sorprendía con ilustraciones que conquistaban su atención. Mediante la imaginación, llegaba al corazón.

Cristo nunca adulaba a los hombres. Nunca dijo algo que pudiese exaltar su fantasía e imaginación, ni los alababa por sus hábiles invenciones; pero los pensadores profundos y sin prejuicios recibían su enseñanza, y hallaban que probaba su sabiduría. Se maravillaban por la verdad espiritual expresada en el lenguaje más sencillo. Los más educados quedaban encantados con sus palabras, y los indoctos obtenían siempre provecho. Tenía un mensaje para los analfabetos, y hacía comprender aun a los paganos que tenía un mensaje para ellos.[6]

Cristo no trató de teorías abstractas, sino de aquello que es esencial para el desarrollo del carácter, aquello que aumenta la capacidad del hombre para conocer a Dios y amplía su eficiencia para lo bueno. Habló a los hombres de aquellas verdades que tienen que ver con la conducta de la vida y que abarcan la eternidad.[7]

---

[6]Idem, *El deseado de todas las gentes* (Mountain View, California: Publicaciones Interamericanas, Pacific Press Publishing Association, 1968), 218-219.

[7]Idem, *Palabras de vida del gran Maestro* (Mountain View, California: Publicaciones Interamericanas, Pacific Press Publishing Association, 1971), 13.

Las enseñanzas y la predicación de Jesús muestran las siguientes importantes características:[8]

●*Explicaban.* Jesús profetizó su propio mensaje (Mateo 5:17; Lucas 24: 27; Juan 5: 39) y se presentó como una muestra de la verdad eterna (Juan 10: 34 – 36; Lucas 20: 41 – 44)

●*Transfiguraban.* Redefinió la naturaleza en pinturas y parábolas del reino de los cielos (Mateo 13: 3, 31), e hizo lo mismo con la vida humana (Mateo 13: 24, 33, 44, 45) y la historia (Lucas 19: 12 ff)

●*Instruían.* Los discípulos deseosos de aprender eran iniciados en los grandes misterios (Marcos 4: 34; Mateo 13: 18 ff)

●*Defensivas y victoriosas.* Cuestionaba a los enemigos y los silenciaba con preguntas (Mateo 15: 2, 3; 21: 23 – 25; 22: 17 – 22, 41 – 45)

●*Terriblemente severas en sus juicios.* Con celo consumidor (Juan 2: 17), Cristo atacó a los Fariseos, sus enemigos (Lucas 19: 27). Los llamó:

•"Generación adúltera y pecadora" (Marcos 8: 38).

•"Sepulcros blanqueados, llenos de huesos de muertos y de toda inmundicia" (Mateo 23: 27).

•Necios (Lucas 11: 40).

•Ciegos (Mateo 15: 14).

•Mentirosos (Juan 8: 55).

•Hipócritas (Mateo 23: 13–15).

•Ladrones (Juan 10: 8).

•Asesinos (Mateo 22: 7).

•Lobos rapaces (Mateo 7: 15).

---

[8] Ver Erich Sauer, *The Triumph of the Crucified* (Grand Rapids, MI: Eerdmans Publishing Company, 1977), 27-28.

•Hijos del diablo (Juan 8: 44).

•Serpientes y generación de víboras (Mateo 23: 33).

•Habían hecho del templo una cueva de ladrones (Marcos 11: 17).

•A Herodes lo llamó "zorra" (Lucas 13: 31–32).

•A los que lo confiesan falsamente son "hacedores de maldad" (Mateo 7: 23), "hijos del malo" (Mateo 13: 38).

•Y los que lo rechazan son peor que Sodoma y Gomorra (Mateo 10: 15). Los que siguen en esos caminos están perdidos (Mateo 16: 25), les dice "apartaos de mí, malditos, al fuego eterno" (Mateo 25: 41), "y lo castigará duramente, y pondrá su parte con los hipócritas; allí será el lloro y el crujir de dientes" (Mateo 24: 51), e irán al "fuego eterno" (Mateo 25: 41; Marcos 9: 43).

●*Infinitamente compasivas en sus buenas nuevas.* La severidad de los juicios es contrarrestada con el mensaje de salvación del reino de los cielos, donde Jesús se presenta como:

•El amigo de los pecadores (Mateo 11: 19; 9: 13)

•El médico de los enfermos (Marcos 2: 17)

•El que hace descansar a los trabajados y cargados (Mateo 11: 28)

•El que bendice y protege a los niños (Mateo 19: 15)

•El que proclama las buenas nuevas a los pobres (Lucas 4: 18)

•El que proclama el paraíso al asesino moribundo (Lucas 23: 43)

•El Rey que se hizo siervo de sus siervos (Juan 13: 1 – 12)

El mensaje central de Jesús fue el Reino de los Cielos. Un reino glorioso donde:

- El Rey muere por sus súbditos
- El Juez es el Salvador de todos
- Los aristócratas eran esclavos
- Los jueces eran criminales
- Los fieles fueron una vez rebeldes
- Los súbditos eran enemigos
- Una ley que es completa libertad
- Una libertad que te hace siervo de la justicia
- Los gobernantes son a la vez siervos
- Vencidos pero conquistadores
- Héroes cuya gloria es su debilidad
- Despreciados pero exaltados por el Rey
- Reinado en la tierra con capital en el cielo
- Manada pequeña, pero como la arena del mar
- Un reino sin país a donde todos pertenecen
- ¿Cuál es el secreto de la gloria del Reino?
- Un Rey de gloria coronado de espinas![9]

Jesús era un maestro en el uso de las ilustraciones. Hizo uso constante y acertado de una gran variedad de cosas tomadas de la naturaleza y de las actividades de la vida diaria para ilustrar sus mensajes, haciéndolos así más

---

[9] Ver Erich Sauer, *The Triumph of the Crucified*, 30 – 31.

claros a sus oyentes y mucho más fáciles de recordar. Veamos a continuación el uso tan especial que Jesús hacia de las ilustraciones.

Jesús y las ilustraciones

Comentando acerca del uso que Jesús hacía de las ilustraciones, Elena G. White nos dice que:

> Sacaba sus ilustraciones de las cosas de la vida diaria, y aunque eran sencillas, tenían una admirable profundidad de significado. Las aves del aire, los lirios del campo, la semilla, el pastor y las ovejas, eran objetos con los cuales Cristo ilustraba la verdad inmortal; y desde entonces, siempre que sus oyentes veían estas cosas de la naturaleza, recordaban sus palabras. Las ilustraciones de Cristo repetían constantemente sus lecciones.[10]
>
> Jesús buscaba un camino hacia cada corazón. Usando una variedad de ilustraciones, no solamente presentaba la verdad en sus diferentes fases, sino que hablaba al corazón de los distintos oidores. Suscitaba su atención mediante figuras sacadas de las cosas que los rodeaban en la vida diaria. Nadie que escuchara al Salvador podía sentirse descuidado u olvidado. El más humilde, el más pecador, oía en sus enseñanzas una voz que le hablaba con simpatía y ternura.[10]

---

[10]E. G. White, *El deseado de todas las gentes* (Mountain View, California: Publicaciones Interamericanas, Pacific Press Publishing Association, 1968), 219. Ver también *Palabras de vida del Gran Maestro* (Mountain View, California: Publicaciones Interamericanas, Pacific Press Publishing Association, 1971), 11.

Holland nos presenta la siguiente interesante conclusión acerca de la predicación de Jesús:

> Podemos sacar la siguiente conclusión acerca de la predicación de Jesús: Su tema central se concentró en el Reino de Dios, y dijo que había venido a ilustrar, explicar, simplificar, clarificar, objetivar, y hacer claro para que todos lo entendieran, la naturaleza de tal Reino. Siempre tuvo una calidad simple y natural acerca del contenido y el lenguaje de su mensaje. Utilizaba objetos familiares, abundantes ilustraciones, preguntas y respuestas, y frecuentes metáforas y parábolas. Enseñó profundas verdades en forma simple y a veces poéticamente. Nunca nos cansamos de su historia del hijo pródigo, y la imagen del sembrador yendo a sembrar viene a nuestra mente cada primavera. Su predicación era directa, llena de tacto, cortés, amable, y llena de simpatía para la humanidad y a la vez en completa simpatía con Dios. Procuró traer el cielo a la tierra para levantar la tierra al cielo.[11]

Jesús y las Escrituras

Los mensajes de nuestro Maestro reflejan un profundo conocimiento de la Palabra de Dios. Jesús conocia muy bien las Escrituras y de allí la efectividad de sus mensajes. La gente que lo escuchaba decían que "hablaba como alguien que tenía autoridad" porque no

[11]DeWitte T. Holland, *The Preaching Tradition* (Nashville: Abingdon Press, 1980), 17.

citaba a los rabinos, escribas o filósofos famosos, sino a la Palabra de Dios y a su propia autoridad.

Su conocimiento de las Escrituras es evidente por su constante uso de ellas. Un autor señala que en los Evangelios Sinópticos hay 87 referencias al Antiguo Testamento.[12]

La actitud de Jesús hacia el Antiguo Testamento tiene un significado muy especial. Para Cristo, quien era la Palabra viviente (Juan 1:14), la palabra escrita, el Antiguo Testamento, era una unidad indisoluble, un organismo, "la Escritura" (Juan 10:35). Para Jesús, las Escrituras eran:[13]

- La autoridad, bajo la cual él mismo se colocó (Gálatas 4: 4)
- El alimento, del cual se nutrió él mismo constantemente (Mateo 4: 4)
- El arma, con la cual se defendió constantemente (Mateo 4: 4, 7, 10; 12: 3)
- El libro de texto, el cual explicó magistralmente (Lucas 24: 27, 32, 44, 45)
- La profecía, la cual fue cumplida en su vida (Mateo 5: 17; Juan 5: 39)
- La etapa preparatoria, la cual él sobrepasó (Mateo 5: 22, 28, 32; 12: 6, 41, 42)
- Su propia palabra, la cual él interpretó y profundizó (1 Pedro 1:11; Mateo 5: 28)

La autoridad y poder de la predicación bíblica moderna consiste en la misma autoridad y poder de nuestro

---

[12]Francis Handy, *Jesus The Preacher* (New York: Abingdon Press, 1959), 143.

[13] Ver Erich Sauer, *The Triumph of the Crucified*, 27.

Maestro. Para ello el predicador debe estar familiarizado con la vida y las enseñanzas de Jesús y eso se logra mediante una constante lectura de la Biblia y libros afines.

2

Métodos de Predicación

En la literatura acerca de la predicación bíblica claramente se distinguen dos métodos generales de hacer sermones. Todo sermón es hecho con el método deductivo o con el método inductivo. Se mueve de lo general a lo particular o de lo particular a lo general.[1]

[1]H. Grady Davis, *Design for Preaching* (Philadelphia: Fortress Press, 1958), 174.

¿En qué consiste el método inductivo y el método deductivo? Inducción es el patrón de comunicación en el cual el punto principal, la idea central, o premisa, es declarado al final del proceso comunicativo, y cuyas evidencias se presentan primero. Por el contrario, la deducción declara primero su premisa principal y después se procede a probar, establecer, y defender el punto central.[2]

Libros de texto en lógica y filosofía han presentado claramente la importancia y las diferencias entre estos dos métodos[3]. Autores famosos de predicación han concordado en que el método deductivo es el método de razonamiento mediante el cual aplicaciones concretas o consecuencias son deducidas de principios generales. El método inductivo es razonamiento inferido de una parte al todo, de lo particular a lo general, de lo individual a lo universal. La deducción va de lo general a lo específico (universal a particular), la inducción va de lo específico a lo general (particular a universal).[4]

---

[2]Ralph Lewis y Gregg Lewis. *Inductive Preaching: Helping People Listen* (Westchester, Il.: Crossway Books, 1983), 35. Históricamente Platón recibe el crédito por haber identificado primero el patrón de pensamiento inductivo, y Aristóteles quien en forma significativa desarrolló el método deductivo (p. 48).

[3]Francisco Romero y Eugenio Pucciarely, *Lógica* (Buenos Aires: Espasa_Calpe, 1947), John Grier Hibben, *Logic, Deductive and Inductive* (New York: Charles Scribner's Sons, 1908); William H. Halverson, *A Concise Introduction to Philosophy* (New York: Random House, 1967).

[4]John A. Broadus, *On Preparation and Delivery of Sermons* (San Francisco: Harper and Row, 1979), 149,153. W.E. Sangster, *The Craft of Sermon Construction* (Philadelphia: Westminster Press, 1951), 81.

Craddock declara:

> Hay básicamente dos direcciones en las que se mueve el pensamiento: Deductivo e inductivo. En pocas palabras, el movimiento deductivo va de la verdad general a la aplicación particular o experiencia, mientras que la inducción es lo contrario.[5]

Diferencias entre sermones deductivos e inductivos

Para Robinson, el criterio para saber si el sermón es deductivo o inductivo consiste en la posición de la idea central del sermón. En un sermón deductivo la idea central aparece en la introducción y el cuerpo la explica, la prueba, y la aplica. En un sermón inductivo, se introduce sólo el primer punto del sermón, y con fuertes transiciones cada punto se une al otro punto hasta que la idea central emerge en la conclusión.[6]

Lewis expande un poco más la diferencia entre la predicación inductiva y la deductiva con las siguientes palabras:

> La predicación deductiva comienza con una declaración de intento y procede a probar la validez

[5]Fred B. Craddock, *As One Without Authority* (Enid, OK: The Phillips University Press, 1971), 54.

[6]Haddon W. Robinson, *Biblical Preaching: The Development and Delivery of Expository Preaching* (Grand Rapids: Baker Book House, 1980), 125.

> de que lo que el predicador dice está predeterminado que es verdad. La predicación inductiva, por otro lado, presenta la evidencia, los ejemplos, las ilustraciones, y pospone las declaraciones, afirmaciones y aserciones hasta que la audiencia tiene oportunidad de pesar las evidencias, pensando en las implicaciones, y entonces llegar a la conclusión junto con el predicador al final del sermón.[7]

Basándose en el trabajo de Lewis, recientemente Bryson presentó las siguientes diferencias entre los dos métodos:

> Los sermones inductivos comienzan con asuntos específicos tales como hechos, estadísticas, ilustraciones, experiencias, y ejemplos. Los sermones deductivos comienzan con proposiciones, aserciones, conclusiones, o principios. Los sermones inductivos van más allá de lo específico con lo cual comienzan. El diseño deductivo define, disecta, defiende, o delimita la premisa principal. Los ejemplos inductivos preceden y llevan a las conclusiones, y los ejemplos deductivos siguen y apoyan las conclusiones ya presentadas. En el formato inductivo, la proposición, las aserciones, o las declaraciones salen del material concreto o ilustraciones. Explicado en forma más simple, el predicador deductivo comienza con una verdad y entonces procura desarrollar esa verdad. El

[7]Ralph L. Lewis y Gregg Lewis, *Inductive Preaching,* 43.

predicador inductivo utiliza particulares para ayudar a sus oyentes a llegar a una conclusión.[8]

Como vimos anteriormente, Davis reafirma que todo sermón es hecho con el método deductivo o con el método inductivo. ¿Qué tipos de sermones serán los que más prevalecen en las congregaciones?

La mayoría de los sermones modernos son deductivos

Al revisar la literatura en textos sobre homilética, Nelson reporta que el método de predicación deductivo es el método que predomina considerablemente.[9] La obra clásica de Crane, *El Sermón eficaz*, la cual se ha editado más de once veces, y que sigue siendo el libro de texto en español de mayor venta, presenta básicamente cómo hacer sermones deductivos.[10]

---

[8]Harold T. Bryson, *Expository Preaching* (Nashville, TN: Broadman & Holman Publishers, 1995), 360.

[9]Dwight K. Nelson, *A Comparison of Receptivity to the Deductive and Inductive Methods of Preaching in the Pioneer Memorial Church.* An Unpublished D.Min. Project Report. Andrews University, 1986, 19-26. Las obras de autores famosos tales como Broadus (1870), Lenski (1927), Sangster (1951), Davis (1958), Perry (1973), Robinson (1980), las cuales han sido muy populares en seminarios, dan énfasis muy marcado a favor de la predicación deductiva.

[10]James D. Crane, *El sermón eficaz* (El Paso, Texas: Casa Bautista de Publicaciones, undécima edición, 1986). Crane considera el método inductivo como el camino o punto de partida para el razonamiento deductivo (p. 185).

Siendo que los textos de homilética favorecen la predicación deductiva, no es de extrañar que la mayoría de los sermones que se predican sean deductivos. Bryson declara acertadamente que

> Generalmente hablando, la mayoría de los predicadores han sido entrenados en el diseño deductivo para la estructura de sermones. Pocos libros de homilética han ayudado con el asunto práctico de diseñar sermones inductivos.[11]

Se nos enseñó que todo buen sermón consta de las siguientes tres partes: Introducción (con su proposición), cuerpo (con sus divisiones y subdivisiones) y la conclusión. Y no es de extrañarse que se nos haya enseñado de esa manera, ya que en los últimos mil quinientos años este método didáctico ha sido el más prominente en los estilos de estructura de sermones. Esta manera de diseñar sermones ha existido desde que Agustin, basado en la lógica Aristotélica, unió la retórica clásica secular al arte de la predicación en el siglo IV.[12]

---

[11]Harold T. Bryson, *Expository Preaching,* p. 360.

[12]Yngve Brilioth, *A Brief History of Preaching* (Philadelphia: Fortress Press, 1965), 51. En sus cuatro volúmenes *De Doctrina Christiana*, Agustín produjo "El primer manual para predicadores que fue escrito en la iglesia cristiana", Hugh Thompson Kerr, *Preaching in the Early Church* (NY: Fleming H. Revell Co., 1942), 105. Según Brilioth, el teólogo y reformador Holandés Andreas Gerhard de Ypres, conocido también como Hyperius, fue el que dió el esquema básico de la división de sermones: Lectura de la Biblia, una invocación, la introducción, el enunciamiento del tema y sus divisiones, la exposición del tema, la argumentación y finalmente la conclusión, Brilioth, 125.

No fue sino hasta 1971 que el método tradicional fue seriamente confrontado con otra alternativa, cuando Fred Craddock desafió a los predicadores a buscar variaciones en la estructura de sus sermones. Para ello, llamó la atención a los modelos de discursos usados por Jesús y los primeros evangelistas, sugiriendo una muy seria alternativa al método tradicional[13] e iniciando así un serio debate en la literatura homilética el cual continúa hasta nuestros días.[14] El debate se centra en los dos métodos de predicación.

Veamos entonces cómo es que predicaba Jesús y en qué consiste el método inductivo de predicación.

---

[13]Fred B. Craddock, *As One Without Authority* (Nashville, TN: Abingdon Press, 1971), 45. Según Bass, la forma de predicación dio una vuelta a principios de la década de los setentas, ver George M. Bass, *The Song and the Story* (Lima, Ohio: C.S.S. Publishing, 1984), 83.

[14]Wayne McDill, *The 12 Essential Skills for Great Preaching* (Nashville, TN: Broadman & Holman Publishers, 1994), 19.

3

El Método de Jesús

Los autores que favorecen la predicación inductiva ponen a Jesús como ejemplo de predicador inductivo, junto con todos los demás escritores y predicadores bíblicos: "Jesús, los profetas y los apóstoles predicaron con acento inductivo".[1]

---

[1]Ralph L. Lewis y Gregg Lewis, *Inductive Preaching,* 11. Ver también 55, 71,73.

> Cristo debe ser nuestro ejemplo espiritual, nuestro modelo humano, nuestro modelo moral, nuestro modelo pastoral, nuestro modelo de predicación.

> La predicación de Jesús fue casi siempre de naturaleza inductiva. Procuraba involucrar a sus oidores en el proceso de razonamiento en lugar de pedirles que aceptaran alguna verdad preformada... Raramente Jesús utilizó una metodología deductiva.[2]

Hay quienes calculan que más de una tercera parte de los mensajes de Jesús que encontramos en la Biblia fueron parábolas, las cuales fueron muy poderosas tanto en forma como en contenido. Debido a la naturaleza de las parábolas, éstas no son proposiciones didácticas, sino invitaciones a tomar decisiones. Según Hunter, éstas no son muletas para intelectos cojos, sino espuelas para la percepción y la acción.[3]

---

[2]Raymond Bailey, *Jesus the Preacher* (Nashville: Broadman Press, 1990), 14, 115.

[3]Ver Ronald E. Pate, Preaching the Parables of Jesus: "An Analysis of Selected Twentieth Century Sermons" (An unpublished Th.D. Dissertation, New Orleans Baptist Theological Seminary, 1988), 102.

Si el método favorito de Jesús fue el inductivo, vale la pena, entonces, echar un vistazo de cerca a este método. ¿En qué consiste, exactamente, la predicación inductiva? ¿Cuáles son los elementos que la componen? ¿Cómo se distingue específicamente de la predicación deductiva?

Notemos las diferencias principales entre estos dos métodos de predicación.

La estructura del sermón

Una de las grandes diferencias entre los métodos de predicación tiene que ver con la estructura del sermón. En el método deductivo la estructura es algo muy importante y debe ser cuidadosamente planeada. Hay un plan de acción claramente definido, la estructura sobresale; la discusión sigue un plan con pasos claramente visibles.[4] Hay una tesis, la cual se divide en sub tesis, se explica cada punto y se aplica a la situación particular de los oyentes. "Deben existir puntos para explicar el punto".[5] Fant llama a esto "*gestaltic*

---

[4]Andrew Blackwood, *Doctrinal Preaching* (Nashville: Abingdon Press, 1956), 161.

[5]Harold T. Bryson, *Expository Preaching,* 311. En la misma página advierte contra la tensión exagerada de tener demasiados puntos, subpuntos, sub-sub puntos y sub-sub-sub puntos, lo cual lleva a la pregunta ¿cuál es el punto?

preaching" porque el todo es mas importante que la suma de sus partes.[6]

En el debate homilético acerca de la estructura de la predicación, los que favorecen el método deductivo atacan a los no-estructuralistas de haber desarrollado lo que llaman "ensayos orales" y Larsen se queja de que esos ensayos llegan a ser piletas de protoplasma literario corriendo en todas direcciones simultáneamente.[7]

La estructura básica tradicional del método deductivo es como la siguiente:

Introducción

(Proposición)

Cuerpo

I.

A.

---

[6]Clyde E. Fant, *Preaching for Today* (San Francisco: Harper and Row, 1987), 182. Larsen favorece "*gestaltic preaching*" con una estructura conde se le da énfasis al punto principal y menos énfasis a las subdivisiones, ver David L. Larsen, *The Anatomy of Preaching: Identifying the Issues in Preaching Today* (Grand Rapids, MI: Baker Book House, 1989), 62.

[7]David L. Larsen, *The Anatomy of Preaching: Identifying the Issues in Preaching Today*, 62.

1.
2.
3.

B.
1.
2.
3.

C.
1.
2.

II.

A.
1.
2.
3.

B.
1.
2.
3.

C.
1.
2.
3.

III.

A.
1.
2.
3.

B.
1.
2.

3.

C.

1.
2.
3.

Conclusión

El método inductivo, por otro lado, mira a la estructura del sermón en forma muy diferente: "La estructura debe estar subordinada al movimiento. Esta subordinación significa que en la mayoría de las veces la estructura no es visible a la congregación".[8] La estructura que los sermones inductivos requieren es mas bien una estructura de proceso (de lo particular a lo general) que una estructura de forma.[9]

Lewis presenta una regla básica para el arreglo de sermones inductivos: Comenzar con situaciones específicas que sirvan como evidencias para llegar a una conclusión. Esto está en contraste con el método deductivo, el cual comienza con

---

[8]Fred B. Craddock, *As One Without Authority* , 142.

[9]Dwight K. Nelson, *A Comparison of Receptivity to the Deductive and Inductive Methods of Preaching in the Pioneer Memorial Church.* , 31.

puntos, los cuales son seguidos por evidencias y ejemplos.[10]

La naturaleza misma de los sermones inductivos hace casi imposible el presentar un patrón de bosquejo. Una visualización muy general de un diseño inductivo sería más o menos el que presenta Craddock:[11]

        1.
        2.
        3.
    A
        1.
        2.
        3.
    B.
I.

El contenido del sermón

Los dos métodos de predicación utilizan el mismo contenido: Preguntas, parábolas, narraciones, analogías, diálogo, experiencias, etc. La diferencia clave estriba en el movimiento del

---

[10]Ralph L. Lewis y Gregg Lewis, *Inductive Preaching,* 81.

[11]Fred B. Craddock, *As One Without Authority* , 152.

sermón (de lo general a lo particular o de lo particular a lo general).

El método deductivo utiliza las parábolas, analogías, y diálogos, para probar o ilustrar los puntos que demuestran la tesis principal, mientras que el método inductivo las utiliza para llevar a la conclusión o idea general. En el método inductivo, por ejemplo, las experiencias no son consideradas como material que ilustra algo, sino como la substancia del sermón ("*the stuff of the sermón*").[12]

En los sermones deductivos, ya sean textuales, expositivos, o temáticos, el predicador busca evidencias que apoyen los tres o más puntos que componen las divisiones principales de su sermón. Esas evidencias son enseñanzas o historias bíblicas o cualquier otra ilustación que pueda iluminar lo que se desea presentar.

En los sermones inductivos, lo que prevalece es la historia; la historia es el pilar más importante del sermón. El contenido lo da la historia que se desee narrar. Es por eso que los sermones inductivos son narrativos.

Los sermones inductivos son narrativos

Una señal característica de los sermones inductivos es el uso de las narraciones, especialmente las porciones narrativas de las

[12]Harold T. Bryson, *Expository Preaching* p. 361.

Escrituras.[13] "En un diseño inductivo las narraciones dominan el contenido".[14] Para Lewis, el uso de la narración es el elemento más inductivo que pueda haber para presentar sermones inductivos.[15]

El diseño narrativo es el utilizado por los Hebreos, quienes contaban la historia de la salvación preeminentemente expresada en narraciones; la narración es utilizada por los profetas, quienes contaban historias para ganar la atención de la audiencia. Jesús predicó y enseño frecuentemente con historias que se conocen como parábolas. Los apóstoles predicaron contando la historia de Jesús. "La narración lleva el peso del récord bíblico desde el Jardín hasta la Nueva Jerusalén. La estructura es de una historia, desde el principio hasta el fin. El Antiguo Testamento es una historia que lleva a las historias del Evangelio en el Nuevo Testamento".[16] Para Waznak, el cristianismo

---

[13]James D. Crane, *El sermón eficaz,* 101.

[14]Harold T. Bryson, *Expository Preaching,* 312.

[15]Ralph L. Lewis y Gregg Lewis, *Inductive Preaching,* 58.

[16]Ibid., 60. Para Lewis, el único libro de la Biblia que es deductivo es Proverbios, "todos los demás 65 libros...deberían ser identificados como inductivos en cuanto acento y/o formato" (p. 62).

se inició como una comunidad de "*storytellers*" (contadores de historias).[17]

Mathews declara que la teología narrativa que encontramos en las Escrituras requieren una predicación narrativa[18] y define la predicación narrativa de la siguiente manera:

> La predicación narrativa es explicar el pasaje mediante una lectura informativa, es decir, siguiendo la linea de eventos y exponiendo cómo los elementos narrativos-teológicos del texto revelan las verdades espirituales universales que se aplican a la audiencia contemporánea.[19]

Se ha hecho una distinción entre lo que es narrativo y lo que es una historia; aunque muchas veces se usan intercambiablemente, autores recientes indican que la diferencia consiste en la forma y el contenido. La narrativa es la forma de un

---

[17]Ver Bruce C. Salmon, *Storytelling in Preaching* (Nashville, TN: Broadman Press, 1988), 27.

[18]Kenneth A. Mathews, "Preaching Historical Narrative", en George L. Klein, ed. *Reclaiming the Prophetic Mantle, Preaching the Old Testament Faithfully* (Nashville, TN: Broadman Press,1992), 43. Ver también a Harold T. Bryson, *Expository Preaching,* 364.

[19]Kenneth A. Mathews, "Preaching Historical Narrative", 43.

discurso en particular, mientras que la historia es el contenido del discurso.[20] Para Willimon lo narrativo es una categoria neutral, un medio, no el mensaje en si.[21]

Uno de los primeros autores que llamó la atención a la predicación inductiva fue Newton, quien en 1930 escribió *The New Preaching.*[22] Sin embargo, no fue hasta que Craddock publicó su obra en 1971 que se le dio atención al método inductivo,[23] y con ello se inició un debate que sigue

---

[20]Ver por ejemplo a Gabriel Fackre, "Narrative Theology: An Overview", *Interpretation* 37 (1983), 341; y John D. Dortch, The Implications of Aristotle's Poetics for a Homiletic Story" (An Unpublished Ph.D. Dissertation, Southern Baptist Theological Seminary, 1985), 14.

[21]William H. Willimon, "Stories and Sermons: A look at preaching as Storytelling", *The Christian Ministry*, 14 (1983), 6.

[22]J. Fort Newton, *The New Praching* (Nashville, TN: Cokesbury Press, 1930). Newton declara que los nuevos tiempos demandan un nuevo método de predicación. Habla de los viejos días de la deducción y un nuevo día cuando el nuevo método de predicación inductiva será el que se use en la predicación (pp. 116, 139).

[23]Fred B. Craddock, *As One Without Authority*. Obras recientes sobre predicación inductiva incluyen a Frederick Buechner, *Telling the Truth* (San Francisco: Harper and Rowe Publishers, 1977); Milton Crum, *Manual on Preaching: A New Process of Sermon Development* (Valley Forge, PA: Judson Press, 1977; una segunda obra de Craddock, *Overhearing the Gospel* (Nashville, TN: Abingdon Press, 1978); Richard A.

hasta nuestros días, acerca de la estructura inductiva contra la estructura deductiva.[24]

La mayoría de los predicadores han estudiado y practicado el método deductivo de hacer sermones. Wardlaw acusa a predicadores que han sido entrenados a imponer una camisa de fuerza (razonamiento deductivo) a metáforas, similitudes, parábolas, narraciones lo cual restringe en lugar de liberar la vitalidad de todas estas formas de lenguaje.[25]

Raymond Bailey corrobora lo anterior cuando señala que algunos predicadores se sienten más cómodos con Pablo que con Jesús y los Evangelios porque se sienten más seguros con el método deductivo y didáctico de Pablo que con la narrativa inductiva de Jesús. Señala que esos predicadores tienen temor a que la historia no sea comprendida o que la audiencia no agarre el punto

---

Jensen, *Telling the Story* (Minneapolis, MN: Augsburg Publishing House, 1980); Eugene Lowry, *The Homiletical Plot: The Sermon as Narrative Art Form* (Atlanta, GA: John Knox Press, 1980); Wayne Bradley Robinson, ed. *Journeys Toward Narrative Preaching*, NY: The Pilgrim Press, 1990; etc.

[24]Wayne McDill, *The 12 Essential Skills for Great Preaching* (Nashville, TN: Broadman & Holman Publishers, 1994), 19

[25]Donald Wardlaw, *Preaching Biblically* (Philadelphia: The Westminster Press, 1983), 16.

que se desea enseñar. Los tales ignoran que la predicación de Jesús permite a las personas entender la historia de acuerdo a su propia situación y de acuerdo a sus necesidades. Recalca que los que proponen un método deductivo no confían en las Escrituras, las historias y a audiencia; tienen miedo a que los oyentes no lleguen a la verdad sin decirles lo que deben hacer. Concluye diciendo que las historias de Jesús no tienen un significado, tienen varios significados que emergen en la interacción con la congregación y está perfectamente bien si las personas en diferentes etapas de la vida llegan a diferentes significados; esto da más lugar a la obra del Espíritu Santo y demuestra la multiforme eficacia del poder del Evangelio.[26]

Wayne Robinson concuerda con lo mencionado anteriormente cuando indica que la predicación inductiva es un método muy efectivo porque ayuda a la gente a aprender a pensar y a llegar a sus propias conclusiones.[27]

Para Wayne McDill, la predicación inductiva hace más sentido que cualquier otro tipo de predicación:

> Un bosquejo de sermón tradicional generalmente tiende a ser deductivo,

[26] Bailey, *Jesus The Preacher*, 95.

[27] Wayne B. Robinson, ed., *Journeys Toward Narrative Preaching* (N.Y.: Pilgrim Press, 1990), 34.

> comenzando con una verdad general y de allí a las aplicaciones particulares. Los que están a favor de la predicación inductiva dicen que las audiencias modernas responderán mejor a la predicación que comienza con el conocimiento y las experiencias particulares de los oyentes y sigue con las verdades universales de la fe. Esto hace sentido, desde luego, porque la gente está siempre interesada en sus preocupaciones personales.[28]

Como podemos notar, un gran número de autores homiléticos contemporáneos favorecen la predicación inductiva y para ello presentan a Jesús como un predicador inductivo por excelencia.

Siendo que Jesús predicaba mayormente en forma inductiva, contando historias que captaban la atención de su audiencia, es la obligación de todo predicador Cristiano el considerar seriamente ese método de predicación e incorporarlo lo más posible en su práctica.

En el siguiente capítulo notaremos algunos detalles importantes acerca del método inductivo así como las características más sobresalientes de la predicación narrativa.

---

[28]Wayne McDill, *The 12 Essential Skills for Great Preaching,* 19.

4

La Predicación Narrativa

Crisóstomo (347-407 d.C.) es considerado como uno de los máximos exponentes de la religión Cristiana. Era un declamador excepcional que apelaba con mucha habilidad a los sentimientos, dejaba a la audiencia anonadada por su brillante memoria, su uso de la imaginación y su capacidad de oratoria. Crisóstomo dijo que "el primer deber del predicador era comunicar la Palabra de Dios y no buscar la aprobación ni los aplausos del hombre".[1]

Crisóstomo fue criticado por tres razones: Su fuerte inclinación al arte dramático, su afán por la pompa y la

---

[1] John Ker, *Lectures on the History of Preaching* (N.Y.: Hodder & Stoughton, 1889), 60-64.

ceremonia, y su predicación alegórica. Entre sus críticos encontramos a Lutero, quien llegó a decir que "¡Crisóstomo tenía pico de paja!"[2]

Crisóstomo era básicamente un predicador narrativo que dramatizaba las historias bíblicas que exponía. Este tipo de predicación ha llamado mucho la atención a predicadores contemporáneos, los cuales indican que la predicación narrativa es el tipo de predicación que puede realmente alcanzar al hombre moderno. Entre ellos se encuentra Bill Hybells quien aconseja que se desarrolle sensibilidad desde el púlpito ya que es importante entender la manera de pensar, actuar y vivir del hombre postmoderno; que se elija una temática con la cual puedan relacionarse o identificarse; que se exalte la sabiduría que existe en las Escrituras y cómo ésta se puede aplicar a la vida personal; que se utilicen historias contemporáneas y transmitirlas en un contexto narrativo; que se conceda tiempo y espacio para la reflexión y consideración de las verdades bíblicas presentadas. Este exitoso pastor y predicador dice que es importante transmitir tres mensajes: Entiendo tu realidad, entiendo que tienes derecho a elegir, entiendo tu punto de partida.[3]

---

[2] Ibid.

[3] Bill Hybells, "Speaking to the Secularized Mind", en *Mastering Contemporary Preaching*, eds. Bill Hybells, Stuart Briscoe y Haddon Robinson (Oregon: Multnomah Press, 1990), 27-41.

Definición de narración

El propósito de la presente obra es presentar el significado de la predicación narrativa y cómo usarla efectivamente. Para ello es necesario comenzar con una definición de lo que es una narración. Walter Kaiser se encarga de esa tarea cuando dice que una narración "en su sentido más amplio es un recuento de un evento en un tiempo y espacio determinado, donde los participantes de la historia tienen un principio, una mitad y un final. A diferencia de la prosa que se refiere de manera directa a los eventos, la narración va a utilizar la forma indirecta".[4] Para Prince, la narración es el acto de contar los eventos, las señales, la actividad, su origen y destino, en el contexto de una historia. Puede incluir uno o más eventos.[5] Las historias son los eventos narrados con énfasis en la cronología, la trama, y los personajes.[6]

El *Oxford Latin Dictionary* indica que "*narrator* es una narración corta o anécdota; *narratus* es la narración o historia; *narro* es contar o decir una historia".[7] Para el diccionario *Funk and Wagnalls*, "Narrar, decir o relatar como en una historia, de manera o forma ordenada. Narración es el acto de narrar los elementos particulares de

---

[4] Walter C. Kaiser, Jr. "The Meaning of Narrative", en *An Introduction to Biblical Hermeneutics: The Search for Meaning*, ed. Walter C. Kaiser (MI: Zondervan Publishing House, 1994), 69-70.

[5] Gerald Prince, *A Dictionary of Narratology* (Lincoln: University of Nebraska Press, 1987), 57.

[6] Ibid, 90-91.

[7] *Oxford Latin Dictionary*, s.v. "Narrator", 1982.

un evento o serie de eventos. Narrativo es narrar de manera continua un evento o serie de eventos. Es el acto de narrar".[8]

Una definición muy completa de narración es la que presenta David Freedman cuando dice:

> La narración comunica un significado mediante la imitación de la vida humana, el orden temporal del habla humano y la acción. Construye un mundo verbal que se centra alrededor de los personajes, sus relaciones, y sus actos en el tiempo. El tiempo es crucial para la narración. Contrario a otras formas de discurso, e.g., poesía lírica, proverbios, códigos legales, que comunican mediante imágenes, proposiciones o admoniciones, la narración se distingue por la trama, una secuencia conectada por la acción que guía, por medio de varios grados de intensidad dramática, a un sentido de resolución.[9]

Martin presenta y describe los cuatro elementos centrales de la narración: *El evento*, es la acción que encierra el contenido de una historia; *la narración*, es el acto de narrar, el proceso por el cual se hace palabra; *el recuento*, es la expresión verbal básica por la cual la trama puede ser resumida, y *la organización*, la forma por la que se transmite la narración en forma bosquejada y ordenada.[10]

---

[8] *Funk and Wagnalls New Practical Standard Dictionary of the English Language*, s.v. "Narrative", 1947.

[9] *The Anchor Bible Dictionary*, 1era. ed. vol. 4, s.v. "Hebrew Narrative", 1992.

[10] Francis Martin, ed., *Narrative Parallels of the New Testament* (Atlanta, GA: Scholars Press, 1989), 7.

La Biblia y las narraciones

Las narraciones han sido parte integral de la experiencia humana desde el mismo comienzo de la historia. Según Calvin Miller, en la Biblia se encuentran tres tipos de narración: La de Dios, la de Israel, y la de los personajes bíblicos.[11] Las narraciones cumplen la función especial de unir esas tres historias contenidas en las Escrituras. Según Ulrich Simon, las narraciones cumplen la función de enlace entre la experiencia de los individuos y la voluntad de Dios.[12] Ralph Lewis advierte que si se elimina el contenido narrativo de la Biblia, sólo quedarán fragmentos.[13]

La Escritura está entretejida de narraciones. Shimon Bar-Efrat encuentra que más de la tercera parte de la Biblia Hebrea son narraciones.[14] Sus historias son complejas. Los medios utilizados por la revelación incluyen el lenguaje, la historia, la literatura, la historia, la cultura, de allí su

---

[11] Calvin Miller, *Spirit, Word & Story* (Dallas: Word Publishing, 1989), 144.

[12] Ulrich Simon, *Story and Faith in Biblical Narrative* (London: SPC, 1975), 121.

[13] Ralph Lewis, "The Triple Brain Test of a Sermon", *Preaching,* vol. 1, no. 2 (1985):10-11.

[14] Shimon Bar-Efrat, "Introduction", en *Narrative Art in the Bible*, eds. David J. A. Clines y Philip R. Davies, Journal for the Study of the Old Testament Supplement Series 70 (England: Almond Press, 1989), 9.

constante referencia a personajes, eventos y lugares.[15] Es por eso que "las historias de la Biblia son reales, tienen un rostro y un nombre, van de la lucha a la esperanza, experimentan envidia y avaricia, conocen la tragedia y el sufrimiento, el valor y la fidelidad".[16]

Para John C. Holbert, "las narraciones son centrales al interés de la Biblia para comunicar el mensaje" e "invita al predicador a emplearlas como un medio efectivo para alcanzar a las congregaciones modernas".[17]

Las narraciones dominan completamente el escenario bíblico. Son el tipo de literatura más común en todas las Escrituras y por lo tanto son "profundamente bíblicas".[18]

Los autores bíblicos conocían muy bien el contexto en el cual vivían, ya que en la cultura oral de Israel las narraciones eran presentadas en forma de episodios, con el fin de atraer a los oyentes al mundo de la historia narrada.[19]

---

[15] ver Craig Broyles, "Interpreting the Old Testament" en *Interpreting the Old Testament: A Guide for Exegesis*, ed., Craig C. Boyles (MI: Baker Book House, 2001), 14.

[16] F. Dean Lueking, *Preaching: The Art of Connecting God to People* (Texas: Word Books, 1995), 29.

[17] John C. Holbert, *Preaching Old Testament: Proclamation and Narrative in the Hebrew Bible* (Nashville: Abingdon Press, 1991), 21.

[18] Bruce C. Salmon, *Storytelling in Preaching: A Guide to the Theory and Practice* (Nashville: Broadman Press, 1988), 25.

[19] Richard A. Jensen, *Thinking in Story: Preaching in a Post-literate Age* (Lima, OH: CSS Publishing, 1993), 24.

¿Por qué aparecen tantas narraciones en las Escrituras? Kaiser responde diciendo que "la respuesta más obvia es que no existe una forma de comunicación más vívida. Gracias a ello, la Escritura tiene interés en las narraciones y les da prioridad".[20] David Ford añade que "las narraciones han sido un elemento esencial y de interés a los creyentes desde los inicios de la Escritura".[21]

¿Por qué recurre la Biblia a la identidad narrativa del texto? Según Bruce Salmon esto ocurre "porque las recordamos con facilidad, ya que aportan un significado más allá de una simple mención y porque nos identificamos con los personajes, experimentamos el suspenso, reaccionamos a la trama, y lo que es más importante, eventualmente llegan a ser nuestras".[22]

De acuerdo a Gene Tucker, esto es posible por dos razones principales: Su poder didáctico, y porque fueron escritas con el fin de transformar la vida de la comunidad de Israel.[23]

---

[20] Walter C. Kaiser, Jr., "Narrative", en *Craking Old Testament Codes: A Guide to Interpreting the Literary Genre's of the Old Testament*, eds., D. Brent Sandy y Roland L. Giese, Jr. (Nashville: Broadman & Holman Publishers, 1995), 69.

[21] David F. Ford, "Narrative Theology", en *Dictionary of Biblical Interpretation*, eds., R. J. Coggins y J.L. Houlden (London: SCM Press; Philadelphia: Trinity Press International, 1990), 489.

[22] Bruce Salmon, *Storytelling in Preaching*, 26.

[23] Gene M. Tucker, "Reading and Preaching the Old Testament", en *Listening to the Word: Studies in Honor of Fred B. Craddock*, eds., Gail R. O'Day y Thomas G. Long (Nashville: Abingdon Press, 1993), 38.

Notemos a continuación el propósito, el valor y las funciones que poseen las narraciones.

Propósito, valor y funciones de las narraciones

Hablando del propósito de las narraciones, Tamara Esquenazi señala que uno de los principales propósitos de la narrativa es "promulgar la memoria del pasado con el fin de que ayude a definir el presente".[24]

El valor de la predicación narrativa es múltiple. Kaiser presenta las siguientes: Con frecuencia las proposiciones no dejan en claro los conceptos, es entonces cuando las narraciones llegan a ser efectivas como un vehículo para alcanzar a adultos y a jóvenes; ya que el Antiguo y el Nuevo Testamento fueron escritos con una base narrativa, para comprenderlos se requiere un conocimiento de las narraciones.[25]

Las funciones básicas de las narraciones son presentadas por Wesley Kort: Proveen un fundamento de unidad a la experiencia humana; son inclusivas, toman en cuenta las áreas de interés humano; y ponen énfasis en la actividad divina dentro de una historia mediante los personajes, la trama, la atmósfera, y el tono.[26]

---

[24] Tamara C. Esquenazi, "Torah as Narrative", en *Old Testament Interpretation: Past, Present, and Future*, eds., James L. Mays, David L. Peterson, y Kent H. Richards (Nashville: Abingdon Press, 1995), 14.

[25] Walter C. Kaiser, Jr., "Narrative", 69.

[26] Wesley A. Kort, *Story, Text, and Scripture: Literary Interests in Biblical Narrative*: Pennsylvania: Pennsylvania University Press, 1988), 17-19.

Tipos de narraciones

Se han identificado varios tipos de narraciones y Stephen Crites presenta los siguientes: Las narraciones sagradas son las que forman el cimiento de la experiencia comunitaria; las narraciones de identidad personal; y las narraciones de la experiencia interna.[27]

Y para Walter Brueggeman, las narraciones pueden ser:

Concretas, aquellas que se enfocan en una persona, lugar o tiempo específico;

Abiertas, cuando el autor tiene la flexibilidad de enfatizar en dos direcciones;

Imaginarias, cuando la historia de Israel tiene la intención de expander la imaginación del lector;

E*xperienciales*, son aquellas que hablan de lo que sucedió, lo que se vió y escuchó; estas son narradas por los participantes, no por terceras personas;

I*nconclusas*, las que no necesitan cerrar con una conclusión, se narra una historia sin recurrir a las evidencias.[28]

Otra manera interesante de presentar los distintos tipos de narraciones, es la que presenta Long cuando dice

---

[27] Stephen Crites, "The Spatial Dimensions of Narrative Truthtelling", en *Scriptural Authority and Narrative Interpretation*, ed., Garrett Green (Philadelphia: Fortress Press, 1987), 33.

[28] Walter Brueggeman, *The Creative Word: Canon as a Model for Biblical Education* (Philadelphia: Fortress Press, 1982), 64.

que las narraciones pueden ser: Escénicas, sutiles, auditivas, y concretas:

Las escénicas describen a un personaje en acción.

Las sutiles enfocan el punto central con un sinnúmero de alusiones indirectas, utilizando la fuerza persuasiva.

Las auditivas tienen el objetivo de impresionar la mente de manera reflexiva y profunda.

Mediante *las concretas* se logra que se ponga atención al texto para atraer a la lección central de la narración.[29]

Enfoque de las narraciones

Se destacan principalmente cuatro enfoques centrales:

En primer lugar, las narraciones describen la decisión divina de hacer partícipes a los seres humanos, cumpliendo así los propósitos divinos mediante el instrumento humano.

En segundo lugar, Dios se mantiene al margen, ya que desea presentarse lo más humanamente posible. En tercer lugar, se enfatiza la promesa, la visión, y el cumplimiento de la Palabra, con el fin de resaltar la fidelidad de la profecía bíblica.

Finalmente, las narraciones son un medio efectivo que testifica acerca de Dios como el arquitecto del reino

---

[29] V. Philips Long, "Reading the Old Testament as Literature" en *Interpreting the Old Testament: A Guide for Exegesis*, ed. Craig C. Broyles (MI:Baker Book House, 2001), 106.

universal que fue anticipado por Israel; es así como el concepto del reino forma un arco narrativo entre los dos testamentos.[30]

Virtudes de la narrativa

Otro asunto muy interesante que debe considerarse al estudiar la literatura narrativa de las Escrituras, son las virtudes que éstas presentan. Hablando de las virtudes narrativas del Pentateuco, las cuales se pueden aplicar también a todos los eventos narrativos, Sands presenta las siguientes:

Primero se destaca la sencillez del lenguaje y cómo los autores bíblicos no desperdician palabras. También se resalta la aplicación a la vida diaria.

Segundo, las narraciones son pictóricas, con una descripción del escenario cautivan la atención.

Tercero, son realistas y concretas; no esconden los errores y las luchas de sus personajes.

Cuarto, hay una marcada ausencia de elaboración, van al punto y utilizan un lenguaje concreto.

Quinto, tienen un poder dramático singular gracias a la rapidez del diálogo interno que busca llegar al clímax de la historia.[31]

---

[30] Ver Kenneth A. Mathews, "Preaching Historical Narrative", en *Reclaiming the Prophetic Mantle: Preaching the Old Testament Faithfully*, ed., George A. Klein (Nashville: Broadman Press, 1992), 40-41.

[31] P.C. Sands, *Literary Genius of the Old Testament* (Oxford: Oxford University Press, 1926), 22.

Guías al estudiar la narración

Al estudiar las narraciones bíblicas, se presentan las siguientes cuatro importantes recomendaciones: Es necesario evitar una aplicación superficial del texto; el uso de la imaginación es permitido, pero se requiere de vigilancia al hacerlo; el uso de tipología exige una base escritural sólida; y es importante no caer en la alegorización.[32]

Al estudiar el Nuevo Testamento se debe tomar en cuenta su calidad literaria y narrativa,[33] porque como dice Larsen, aunque "en el Nuevo Testamento existe una amplia variedad de géneros literarios, el grueso del material es claramente narrativo".[34]

Para Bryan, las narraciones son tan antiguas como los idiomas y tan contemporáneas como el tiempo presente.[35] A eso se debe que Ryken insiste en que el Nuevo Testamento requiere de una lectura muy especial, ya que el patrón literario es esencialmente narrativo.[36]

Larsen presenta un "círculo hermenéutico narrativo" el cual consiste en lo siguiente: Analizar cada una de las palabras; analizar el lenguaje literal, el figurado

---

[32] Donald L. Hamilton, *Homiletical Handbook (*Nashville: Broadman Press, 1992), 128-129.

[33] James Barr, *The Bible and the Modern World* (New York: Harper and Row Publishers, 1973), 58-59.

[34] Larsen, *Telling the Old, Old Story*, 47-48.

[35] Dawson C. Bryan, *The Art of Illustrating Sermons* (New York: Abingdon-Cokesbury Press, 1938), 30.

[36] Ver Ryken, "The Literature of the New Testament", 374.

y el metafórico; analizar el género; analizar las figuras de expresión; destacar el paralelismo hebreo; analizar el contexto del capítulo; finalmente el mensaje central del texto.[37]

George M. Bass propone cuatro elementos importantes que deben analizarse en el proceso de descifrar una narración:

> En primer lugar se necesita descubrir cuál es la trama de la historia; ésta tiene que ver con las acciones de los personajes involucrados, su diálogo, el encuentro entre los protagonistas y la resolución final.
>
> El segundo elemento que debe ser identificado es el tema de la narración. En otras palabras, ¿cuál es el tema central de la historia? El tema ayuda a plantear las lecciones teológicas contenidas en el pasaje.
>
> El tercer elemento importante al analizar una historia es el desarrollo de la estructura. La estructura debe tener tres partes esenciales: La crisis, el desarrollo, y la resolución de la historia.
>
> El último elemento que debe considerarse es lo que Bass llama "la cuerda de tres hilos", se debe entretejer la historia de Dios, la historia de la congregación, y la historia del predicador.[38]

---

[37] Larsen, *Telling the Old, Old Story*, 82-85. Para otros elementos hermenéuticos ver Millard J. Erickson y James L. Heflin, *Old Wine in New Wineskins: Doctrinal Preaching in a Changing World* (Grand Rapids, MI: Baker Books, 1997), 133-135; Wayne McDill, *The Moment of Truth: A Guide to Effective Sermon Delivery* (Nashville, TN: Broadman and Holman Publishers, 1999), 17-19.

[38] Bass, 107-112.

La predicación narrativa

La predicación de pasajes narrativos es más que sólo relatar una historia es "adentrarse en la interpretación teológica de los hechos de Dios en esa historia".[39] Para que la predicación narrativa sea efectiva se necesita mantener en mente la naturaleza literaria y los propósitos teológicos de cada libro.[40]

Fee y Stuart enumeran varios principios importantes para la predicación narrativa:

Primero, la predicación abarca más que la simple mención de personas, lugares, fechas, y eventos. Los hechos de Dios es lo que resalta en la vida de los individuos.

Segundo, mientras que en la superficie de la narración aparecen las pasiones humanas, con sus luchas y conflictos, siempre es importante tener presente que Dios es el personaje central.

Tercero, la lectura debe ser objetiva; la tarea implica una exégesis del pasaje narrativo; permítase que la narración se sostenga por sí sola.

Cuarto, las narraciones son un recuento de hechos reales que sucedieron en un tiempo y lugar determinado. No son alegorías o pasajes con un significado oculto.[41]

---

[39] Harold T. Bryson, *Expository Preaching: The Art of Preaching Through a Book of the Bible* (Nashville: Broadman and Holman Publishers, 1995), 210.

[40] Ibid, 215-216.

[41] Gordon Fee y Douglas Stuart, *How to Read the Bible for All its Worth: A Guide to Understanding the Bible* (Michigan: Baker Book House, 1979), 74-75.

Paul House enfatiza cuatro aspectos importantes en la predicación narrativa:

1. La lectura del texto; esto exige que se tome en cuenta la trama, el punto de conflicto, la crisis, y la resolución final; los personajes, el marco histórico, y el tema deben ser cuidadosamente estudiados.
2. Una metodología hermenéutica; esto requiere que se analice el pasaje en el contexto de todo el libro y que se aplique por lo menos las reglas hermenéuticas básicas.
3. La aplicación; con frecuencia la aplicación recibe poca atención en los sermones. La aplicación no debe ser ignorada; para ello es importante que se encuentren los puntos comunes de la historia con la experiencia de los oyentes.
4. Finalmente, la predicación narrativa requiere de imaginación, valor y disciplina en el estudio y la exposición del material, lo que House llama "la triple disciplina".[42]

El proceso hermenéutico de las porciones narrativas de las Escrituras representan un desafío para todo predicador. Terry presenta tres pasos para el estudio de las parábolas, los cuales se pueden aplicar también a los pasajes narrativos:

---

[42] Paul House, "Narrative Preaching", en *Handbook of Contemporary Preaching*, ed. Michael Duduit (Nashville: Broadman Press, 1992), 282-290.

1. *Determinar* la ocasión y el objetivo principal de la parábola;
2. *Analizar* con mucho cuidado el tema central y los elementos imaginarios; y
3. *Desarrollar* las partes sobresalientes con el fin de resaltar la verdad central.[43]

Un buen sermón narrativo requiere de una lectura correcta del texto narrativo. Aquellos que escuchen con atención al texto estarán más capacitados para transmitirlo a otros. Se necesita escuchar acerca del ambiente cultural en el cual se desenvuelve, la forma como se desarrolla el tema central, y el objetivo que se desea alcanzar o la dirección que se desea seguir.[44]

Al preparar sermones narrativos se debe tener en cuenta que "nuestra meta no es sólo contar buenas historias. Nuestra meta es comunicar la historia de la Biblia mediante el uso de narraciones".[45]

La predicación narrativa de Jesús

Jesús ayudó a sus oyentes a entender mejor los grandes temas del reino de su Padre mediante el uso de narraciones.[46] Raymond Bailey, en su libro *Jesus the*

---

[43] Milton S. Terry, *Biblical Hermeneutics* (N.Y.: Eaton and Mains, 1883), 276-301.

[44] Larsen, *Telling the Old, Old Story*, 56.

[45]Jensen, *Thinking in Story: Preaching in a Post-literate Age*, 144.

[46] John Navone, *Communicating Christ* (England: St. Paul Publications, 1976), 51.

Preacher, presenta uno de los mejores estudios acerca de la predicación de Jesús. Allí señala que en la predicación de Jesús predominaron las narraciones; no definió las verdades del Reino sino que prefirió contar historias a sus oyentes. Conocía el poder encerrado en una narración y así logró alcanzar a grandes y pequeños, letrados e ignorantes, campesinos y magistrados.[47]

Las historias que se encuentran registradas en el Antiguo Testamento continúan su trayectoria en el Nuevo Testamento.[48] Por eso, para Jesús, la ley y las narraciones fueron inseparables.[49] La narrativa del Antiguo Testamento encuentra su máxima expresión en la predicación narrativa de Jesús.

Jesús es la promesa del Antiguo Testamento y es la llave de interpretación de toda la Escritura.[50] Es el eslabón entre los dos Testamentos y mediante las narraciones que describen la misión del Hijo, el Padre reveló su voluntad.

---

[47] Raymond Bailey, *Jesus the Preacher* (Nashville: Broadman Press, 1990), 115-116.

[48] Ver Richard L. Eslinger, *Narrative and Imagination: Preaching the Worlds that Shape Us* (Minneapolis: Fortress Press, 1995), 28. Olé Davidsen, *The Narrative Jesus: A Semiotic Reading of Mark's Gospel* (England: Aarhus University Press, 1993), 122.

[49] Ulrich Simon, *Story and Faith in Biblical Narrative* (London: SPC, 1975), 3.

[50] Ver Roger E. Van Harn, *Pew Rights: For People Who Listen to Sermons* (MI: W.B. Eerdmans Publishing, 1992), 49.

La historia que comienza en el Antiguo Testamento encuentra su finalidad y base en la continuidad narrativa.[51]

Las historias favoritas de Jesús fueron presentadas mediante parábolas[52] y con esas pequeñas historias conectaba con las grandes ideas del Reino de Dios.[53] Con el dominio de las parábolas cautivaba a sus oyentes. En el ministerio de Jesús, el uso de las parábolas fue una de sus herramientas didácticas más efectivas.[54]

El tremendo poder didáctico detrás de las parábolas de Cristo consistía en lo siguiente: Su habilidad de atracción; el poder efectivo de cautivar con una historia a la diversidad de sus oyentes; y el poder para alcanzar la mente de la audiencia.[55] Para Joachim Jeremias las parábolas de

---

[51] Ver Gerard Loughlin, *Telling God's Story: Bible, Church, and Narrative Theology* (Cambridge: Cambridge University Press, 1996), 139; Foster R. McCurley, Jr., *Proclaiming the Promise: Christian Preaching from the Old Testament* (Philadelphia: Fortress Press, 1974), 14. Para Lewis y Lewis, la centralidad de Jesús es confirmada en la Escritura por la continuidad narrativa presentada en el Nuevo Testamento, Ralph L. Lewis y Greg Lewis, *Inductive Preaching: Helping People Listen* (Illinois: Crossway Books, 1983), 109.

[52] David L. Barr, *The New Testament Story: An Introduction*, 2da. ed. (Belmont, CA: Wadsworth Publishing, 1995), 31.

[53] Lewis y Lewis, *Inductive Preaching*, 68-69.

[54] Ver Robert H. Stein, *The Method and Message of Jesus' Teachings* (KY: Westminster John Knox Press, 1994), 33,41.

[55] Ver Walter L. Liefeld, *New Testament Exposition From Text to Sermon* (Grand Rapids, MI: Zondervan Publishing House, 1984), 138; Leland Ryken, "The Literature of The New Testament", en *A Complete Literary Guide to the Bible*, eds., Leland Ryken y Tremper

Jesús tienen tres aspectos sobresalientes: Claridad, sencillez, y estilo propio;[56] y señala acertadamente que las parábolas de Jesús, como herramientas didácticas, no tienen comparación.[57]

La gente se admiraba de las enseñanzas de Jesús "porque era un predicador con una historia, su historia era singular y diferente".[58] Stein recalca que las parábolas usadas por Jesús eran el resultado de su propia observación y experiencia, y que no eran parábolas repetidas.[59]

Elena White señala que en las parábolas de Cristo "se nota el mismo principio que el que lo impulsó en su misión al mundo... Las parábolas de Cristo son eslabones en la cadena de la verdad que une al hombre con Dios, la

---

Longman, III (Grand Rapids, MI: Zondervan Publishing House, 1993), 302.

[56] Joachim Jeremias, *The Parables of Jesus*, 2da. ed. revizada (New York: Charles Scribner's, 1972), 12. Para diferentes estructuras de las parábolas, ver John W. Sider, *Interpreting the Parables: A Hermeneutical Guide to their Meaning* (Grand Rapids, MI: Zondervan Publishing House, 1995), 29-88; Herbert Lockyer, *All the Parables of the Bible* (Grand Rapids, MI: Zondervan Publishing House, 1963);

[57] Ibid, 11.

[58] Christopher J. H. Wright, *Knowing Jesus Through the Old Testament* (Downers Grove, IL: Inter Varsity Press, 1995), 1-54. Ver también Simon Kistemaker, *The Parables: Understanding the Stories Jesus Told* (Grand Rapids, MI: Baker Books, 2002), 9-20.

[59] Ver Stein, *The Method and Message of Jesus' Teachings,* 34-42; ver también Elena G. de White, *Palabras de vida del Gran Maestro* (Idaho: Pacific Press Publishing Association, 1971), 8-15.

tierra con el cielo".[60] Continúa diciendo que "tan amplia era la visión que Cristo tenía de la verdad, tan vasta su enseñanza, que cada aspecto de la naturaleza era empleada en ilustrar la verdad".[61]

Se han presentado varias características importantes acerca de las parábolas. Autores contemporáneos que favorecen la predicación narrativa destacan las siguientes características que distinguen en forma especial a las parábolas: Informan y cautivan la atención del oyente con el fin de que se involucre y llegue a una conclusión. Son una forma indirecta de persuadir, evitando una confrontación directa con las posibles barreras que pueda presentar la audiencia. Las grandes verdades del Evangelio son presentadas en forma sencilla. Presentan una verdad no muy popular y la contextualizan con el Reino espiritual. Dan un enfoque realista de la experiencia diaria de los seres humanos. Inician un proceso de aprendizaje en la audiencia. Revelan y transmiten un mensaje a través de la experiencia de la vida diaria de los oyentes. Son historias "vívidas" mediante las cuales los oyentes llegan a comprender major la dimensión espiritual y se identifican plenamente con las verdades presentadas.[62]

Para Ryken, las parábolas "son historias bien diseñadas, coherentes, y con sentido de unidad" y concluye

---

[60] Elena G. de White, *Palabras de vida del Gran Maestro* (Mountain View, CA: Pacific Press, 1971), 8.

[61] Ibid., 10.

[62] Ver F. B. Craddock, *Overhearing the Gospel* (Nashville: Abingdon Press, 1978), 77; Raymond Bailey, *Jesus the Preacher*, 77; Lewis y Lewis, *Learning to Preach Like Jesus* (Westchester, IL: Crossway Books, 1989), 28.

diciendo que las parábolas de Jesús "son una obra maestra".[63]

[63] Ryken, *How to Read the Bible as Literature*, 14. Bailey y Vander Broeck presentan tres características más de las parábolas de Jesús: Sorprenden por su brevedad y sin desperdiciar palabras usan un lenguaje que apela a todos sus oyentes; son narrativas en su forma y contenido, tienen orden, secuencia, y realismo; y por último, reflejan elementos metafóricos que dan una descripción corta y familiar a los oyentes; James L. Bailey y Lyle D. Vander Broeck, *Literary Forms in the New Testament: A Handbook* (Louisville, K.Y.: Westminster/John Knox Press, 1992), 108-109. Para otras carácterísticas ver Craddock, "Narrative: Distance and Participation", en *Theories of Preaching: Selected Readings in the Homiletical Tradition*, ed. Richard Lischer (Durham, N.C.: Labyrinth Press, 1987), 253-254; Jan Fokkelman, *Reading Biblical Narrative: An Introductory Guide* (Louisville, K.Y.: Westminster John Knox Press, 1999), 203.

5

Modelos de Predicación Narrativa

La mayoría de autores contemporáneos que escriben acerca de la predicación favorecen la predicación narrativa. Aseveran que debido a que la Biblia está saturada de historias y siendo que los sermones deben reflejar el contenido de las Escrituras, los sermones deben ser enmarcados dentro de la forma narrativa. Presentan, además, a Jesús como el modelo de predicación narrativo. Un modelo que todo predicador debe seguir. El modelo que siguieron los profetas.

Algo que preocupa a varios autores modernos es lo que tiene que ver con el propósito homilético en la predicación narrativa.

El propósito homilético

Entre tales autores se encuentra Mary Hilkert, quien afirma que el problema no consiste tanto en la ausencia de sermones narrativos como en la falta de un propósito homilético bien definido en los sermones.[1]

Para ayudar a definir el propósito homilético dentro del sermón narrativo, Lucy Rose presenta las siguientes ideas:

•*Identificar* el propósito del sermón que se va a presentar, *procurar* que haya contacto con la audiencia a la cual se va a presentar el sermón,

•*Determinar* el lenguaje que se va a utilizar tomando en cuenta el nivel de conocimiento y manejo del idioma de la iglesia local, y por último,

•*La forma* o bosquejo que se desea seguir. ¿Por dónde comenzar? Rose sugiere que se puede comenzar con cualquiera de los cuatro puntos, ya que están íntimamente ligados, pero recomienda que se comience el proceso con la definición del propósito del sermón.[2]

Para Cecilio Arrastía, el propósito homilético del sermón se logra al combinar y analizar tres niveles: El

---

[1] Hilkert, 99-100.

[2] Lucy A. Rose, "Preaching in the Round-Table Church," (Ph.D. dissertation, Graduate School of Emory University, 1994), 116. A este proceso Rose lo llama "predicación de transformación".

teológico, el emocional y el ético.[3] Mientras que para Kenneth Mathews el propósito homilético es logrado mediante una mayor conciencia de los elementos históricos del texto, atención al contexto literario y a las perspectivas teológicas.[4]

Existen algunos riesgos que deben evitarse al considerar el proceso homilético del sermón. Richard Eslinger menciona los siguientes:

•Narrar una historia que traiga a la memoria recuerdos tristes y dolorosos de eventos recientes;

•Desequilibrio en la historia narrada;

•Usar desproporcionalmente historias seculares que tomen el lugar o que opaquen la historia bíblica;

•Introducciones muy largas;

•Resoluciones vagas y confusas;

•Y el uso inapropiado de narrar la historia en primera persona.[5]

Modelos homiléticos narrativos

Mientras que el modelo homilético tradicional es gobernado por temas y subtemas, puntos y subpuntos, el nuevo modelo homilético tiene como base primordial el uso de nuevo lenguaje, movimientos, etapas, y episodios. A continuación se presentan los modelos homiléticos narrativos más sobresalientes en los últimos años.

---

[3] Cecilio Arrastía, *Comentario bíblico hispanoamericano: Teoría y práctica de la predicación*, ed., Justo L. González (Miami, FL: Editorial Caribe, 1992), 34.

[4] Mathews, 43.

[5] Eslinger, *Pitfalls in Preaching*, 69-83.

Siendo que el modelo de predicación narrativa, a diferencia del modelo tradicional, se destaca por la ausencia de una estructura organizacional y la fuerte presencia de la narración de una historia, los distintos modelos tienen muchas cosas en común, tales como el uso del método inductivo, la centralidad de una historia o historias, uso apropiado del drama y grandes dósis de imaginación.

El modelo Craddock

F.B. Craddock es uno de los principales exponentes del método de predicación inductiva. Como se presenta en este libro, Craddock es uno de los pioneros de la predicación narrativa.

Craddock utiliza una historia o historias y las narra con mucha imaginación y con una serie apropiada de aplicaciones que brotan naturalmente de la historia.

Entre sus muchas obras se destaca *As One Without Authority.*

El modelo Lewis

Ralph S. Lewis y Gregg Lewis han escrito mucho en favor de la predicación inductiva, destacándose su obra *Inductive Preaching*, donde presentan el método narrativo como el modelo de Jesús.

Presentan dos secuencias para predicar narrativamente. En la primera aparece una introducción seguida de la narración de varias escenas o historias y termina con una conclusión. La segunda recomendación es un proceso paralelo donde se combina una historia contemporánea con una historia bíblica y donde se presentan aplicaciones con conclusiones intercaladas.

El modelo Lowry

Eugene L. Lowry es otro autor muy destacado en la rama de la predicación narrativa. Entre sus obras sobresale *The Homiletical Plot*, donde la trama (*plot*) define al sermón narrativo.

La trama se inicia con una discrepancia o conflicto, la cual avanza a través de una serie de complicaciones, terminando con una resolución o cierre.

El sermón narrativo contiene los siguientes cuatro elementos: La demora de la historia, el suspenso, historias alternadas, y la historia corrida. La demora de la historia es determinada por el texto; el suspenso se logra mediante el uso de historias contemporáneas, analogías o noticias que se intercalan con el texto, el suspenso se eleva mediante reflexiones o aplicaciones; las historias alternadas son tres hilos dentro de la narración, la historia bíblica, la historia contemporánea y la historia personal; la historia corrida es la narración en forma seguida de los eventos bíblicos.

Además de un destacado expositor de la predicación narrativa, el Dr. Lowry es un excelente predicador que domina el uso del lenguaje, la imaginación, el fundamento bíblico y su aplicación a los oyentes.

El modelo Venden

El pastor Morris Venden ha escrito decenas de libros acerca de la doctrina de Justificación por la fe la cual presenta magistralmente mediante el uso de escenas narrativas. Al narrar sus historias, el pastor Venden cautiva la atención de su audiencia y les comunica verdades bíblicas mediante historias sencillas.

Entre sus obras narrativas se destaca *Parables for the Modern Man*, donde presenta una colección de historias con alto contenido espiritual.

Venden tiene el arte especial de crear sus propias analogías, mezclarlas con historias bíblicas y aplicarlas acertadamente a la congregación con grandes porciones de humor.

El modelo Salmon

El modelo de Bruce C. Salmon tiene una marcada tendencia hacia la contextualización del texto mediante el método inductivo. Este modelo tiene una introducción donde se combinan hasta tres historias seculares, un comentario de las luchas y los desafíos de la vida diaria, una analogía que ayuda a los oyentes a identificarse con la Palabra de Dios y una conclusión basada en una historia personal o contemporánea.

El modelo Adams

Jay E. Adams propone un bosquejo que sigue cinco etapas: El material introductorio, los elementos de tensión, el suspenso, el clímax y una breve conclusión. Se advierte acerca de la falta de una descripción clara de cada una de esas etapas.

Este modelo recomienda que los elementos de tensión y el suspenso sean presentados de tal manera que a la congregación no le resulte demasiado obvio el clímax y la conclusión.[6]

---

[6] Adams, *Pulpit Speech*, 24.

El modelo Eslinger

De acuerdo a este modelo las historias oscilan entre dos polos, el narrativo y el imaginario. Se cita a las parábolas como un ejemplo clásico de tal oscilación ya que en ellas se pueden observar claramente tanto los polos narrativos como los imaginarios.[7]

El modelo fotográfico

Este modelo, propuesto principalmente por Shimon Bar-Efrata[8], divide el bosquejo narrativo en tres partes principales: Ascenso, clímax y descenso. Se mantiene el suspenso mediante "la conclusión ilusoria", donde parece que se va a llegar a la resolución de la historia, pero se suspende hasta que se llega al descenso.

Bar-Efrat compara al predicador narrativo con un fotógrafo. El predicador debe decidir el sujeto, el ángulo, la distancia, la luz, y el grado de enfoque de cada foto.[9] Indica, además, que el predicador de la foto narrativa necesita seguir el siguiente proceso:

•*Analizar* cuidadosamente el texto de tal manera que el contenido sea netamente bíblico;

---

[7] Eslinger, "Narrative and Imagination", 152-153.

[8] Shimon Bar-Efrat, "Some Observations on the Analysis of Structure in Biblical Narrative," *Vetus Testamentum* 30 (1980): 157-172.

[9] Bar-Efrat, *Narrative Art in the Bible*, 15.

•*Determinar* el ángulo desde el cual se describa mejor al sujeto;

•*Procesar* cuidadosamente la cantidad apropiada de luz que contribuya a iluminar mejor al texto, y

•*Enfocar* lo mejor posible o enfocar adecuadamente de tal manera que se refleje el sentido que el autor original tenía en mente.[10]

Varios autores comentan favorablemente acerca de este modelo, entre ellos podemos mencionar a Donald Demeray quien indica que una foto o historia puede traer a la vida a los personajes bíblicos porque apelan directamente a la imaginación.[11]

Otro autor argumenta que es imposible que una sola fotografía registre todos los elementos que componen a un sujeto y que por lo tanto se debe combinar una diversidad abarcante y comprensiva de retratos para poder obtener la

---

[10] Ben-Efrat, 197-223.

[11] Donald E. Demaray, *An Introduction to Homiletics*, 2da. ed. (Grand Rapids, MI: Baker Book House, 1991), 140. Entre otros autores están Herbert N. Schneider, "Biblical Narrative and Modern Consciencíousness," en *The Bible and The Narrative Tradition*, ed., Frank McConnell (New York: Oxford University Press, 1986), 32-149; John D. Watts, "Preaching on the Narratives of the Monarchy," en *Biblical Preaching: An Expositor's Treasury*, ed., James W. Cox (Philadelphia: Westminster Press, 1983), 72-83; Clyde T. Francisco, "Preaching from the Primeval Narratives of Genesis," en *Biblical Preaching: An Expositor's Treasury*, ed., James W. Cox (Philadelphia: Westminster Press, 1983), 17-35; Robert Alter, *The World of Biblical Literature* (New York: Basic Books, 1981), 85-106. Sidney Greidanus, *The Modern Preacher and the Ancient Text: Interpreting and Preaching Biblical Literature* (Grand Rapids, MI: Eerdmans, 1988), 188-227.

mejor imagen posible de los personajes principales y para una mejor comprensión de la historia en general.[12]

Arrastía comenta acertadamente que "quienes predican deben ser fotógrafos o retratistas cuando se trata de personas, y dibujantes o paisajistas cuando se refiere a situaciones o eventos dentro de la comunidad".[13] También asevera que los predicadores deben tomar fotos del texto de por lo menos cuatro ángulos diferentes: Alrededor, por detrás, de frente, y desde el márgen.

La foto narrativa pone mucha atención a lo que está sucediendo alrededor del personaje central de la historia y considera detrás a todos los personajes que le acompañan. En varias escenas en el Nuevo Testamento, por ejemplo, se puede observar que frente a Cristo estaban los acusadores y los acusados; mientras que al margen estaban los pecadores y los enfermos.[14]

Sin duda alguna, otros modelos de predicación narrativa podrían ser mencionados, pero todos ellos son básicamente repetición o adaptación de los modelos antes mencionados. Todos tienen un fuerte énfasis en el método inductivo y una apreciación muy especial por la predicación narrativa. Cabe mencionar que entre los pastores que predican en el idioma de Cervantes una gran cantidad de ellos han tenido mucho éxito al utilizar este tipo de predicación.

---

[12] V. Phillips Long, "Reading the Old Testament as Literature", 105.

[13] Arrastía, 213.

[14] Ibid, 39.

6

Cómo Preparar Sermones Inductivos

El propósito principal de la presente obra tiene como objetivo el ayudar al lector a preparar sermones inductivos, sermones donde predomina la narración de una historia que comunica verdades eternas mediante el uso acertado de la imaginación, el humor y las aplicaciones que se derivan en forma natural de la trama de la historia. Por lo tanto este capítulo es de mucha importancia.

Veamos cómo se puede poner en práctica lo que se ha estudiado acerca de la predicación de Jesús y cómo preparar sermones semejantes a los que él predicaba.

Para comenzar, necesitamos poner atención a ciertos principios fundamentales. Notemos a continuación algunos principios guiadores que pueden ayudarnos a cumplir el propósito antes mencionado.

Principios guiadores

Antes de comenzar la tarea de preparar sermones efectivos, todo predicador necesita considerar seriamente y poner en práctica ciertos prerrequisitos fundamentales. Algunos de esos principios básicos e introductorios que pueden ser de ayuda en la preparación de nuestros sermones son los siguientes:

La oración

Estoy seguro que todos estamos convencidos que antes de comenzar cualquier cosa, incluso la preparación de nuestros sermones, el predicador debe ir a Dios en oración para buscar su dirección en la preparación de su tema.

Dios no sólo indicará de alguna manera lo que debemos predicar, sino que nos ayudará en su preparación, en su entrega, y en su efectividad sobre la congregación. Un gran predicador es una persona de mucha oración, una persona con una vida devocional constante y efectiva.

La lectura de la Palabra de Dios

La Biblia es el libro de donde deben estar anclados todos los sermones. El mensaje que no es bíblico no es digno de ser predicado. Y el que no sabe que predicar, al que no se le ocurren ideas, es porque no lee suficientemente su Biblia. Todo predicador debe conocer muy bien su Biblia y para ello es necesario leerla continuamente. Las historias bíblicas brincarán de emoción diciendo "predícame a mí".

Constante meditación

Es importante pensar varias veces acerca de lo que vamos a predicar. Algunos han dicho "poner en remojo" lo que vamos a decir, pensando en tal vez cómo lo podemos decir mejor, qué elementos podemos incorporar, y qué aplicaciones podemos mencionar.

Lectura constante

Además de la lectura de la Biblia, un buen predicador leerá constantemente y acerca de todo. De la lectura variada sacará información pertinente para incorporar a sus sermones. El predicador que no lee mucho producirá sermones raquíticos, producto directo de un intelecto que no es alimentado.

Las necesidades y eventos especiales de la comunidad y la congregación

Lo que ocurre a nuestro alrededor es una fuente impresionante y muy rica de materiales para nuestros sermones. Para ello hay que leer y visitar a los vecinos y a los miembros de la congregación. Sin embargo, se debe tener mucho cuidado en no presentar casos y situaciones de personas que han sido contadas en confidencialidad.

Pasos para elaborar un sermón inductivo

Los siguientes pasos pueden ayudar en la preparación de sermones inductivos:[1]

---

[1]Algunas ideas son presentadas por Al Fasol, "Preaching in the Present Tense: Coming Alive to the Old Testament" en George L.

•*Naturaleza del texto*. En primer lugar debemos descubrir a ciencia cierta si el texto del cual deseamos elaborar un sermón es de naturaleza narrativa. Este primer paso tiene que ver directamente con lo que es la selección del texto. Debemos contestar a la pregunta ¿Se trata este texto de una historia? Si es una historia, entonces se debe contar la historia. Será muy difícil, si no imposible, el preparar sermones inductivos de materiales o textos de naturaleza didáctica.

Los autores Gordon Fee y Douglas Stuart responden a los que dicen que la selección de un texto narrativo es más fácil de predicar indicando que los tales no están conscientes de la problemática que encierra la predicación narrativa. Para ellos, la selección de un texto narrativo representa un serio desafío por las siguientes tres razones: Los elementos de interpretación narrativa no son fáciles de manejar y requieren de mucho cuidado y consideración, la aplicación del texto narrativo a la congregación exige mucha atención para darle toda la relevancia necesaria, y por último, no es fácil presentar un texto narrativo ya que se necesitan buenas técnicas narrativas, suspenso, trama y acción.[2]

Greidanus recomienda que al seleccionar el texto se seleccione una unidad completa de pensamiento, sin importar si el texto es corto o largo; se recomienda una

---

Klein, ed. *Reclaiming the Prophetic Mantle, Preaching the Old Testament Faithfully* (Nashville, TN: Broadman Press, 1992), 43. Bernard Ramm y Dwight E. Stevenson presentan también ideas de cómo elaborar sermones inductivos; ver a Pate, 96.

[2] Gordon Fee y Stuart Douglas, *How to Read the Bible for All its Worth: A Guide to Understanding the Bible* (Grand Rapids, MI: Baker Book House, 1979), 74-75

perícopa que contenga toda una unidad de pensamiento, evitando así un texto aislado y fragmentado y sin la necesidad de "brincar" de un texto a otro.[3]

Larsen señala acertadamente que, aunque la selección del texto narrativo es en cierta forma algo singular, se deben seguir las prácticas y reglas homiléticas en general.[4]

¿Qué ventajas tiene el seleccionar un texto narrativo? Watts enumera las ventajas del pasage narrativo: Primero, existe una identidad muy directa con el texto, lo cual hace al sermón completamente bíblico; segundo, el sermón se rige por el texto, lo cual evita la imposición de ideas ajenas y arbitrarias; tercero, al contar la historia se facilita mucho el seguimiento del texto; y por último, ayuda a recordar mejor el sermón.[5]

•*Leer la historia varias veces*. En segundo lugar, será de gran ayuda el leer la historia varias veces. Estudiar en cuáles otros textos se encuentran la narración, ver qué otros elementos se encuentran en los otros lugares donde se presenta la misma historia. Descubrir otros textos donde se hace referencia a la historia. Todo esto debe hacerse para poder tener un cuadro completo de la historia en general.

---

[3] Sidney Greidanus, *The Modern Preacher and the Ancient Text, Interpreting and Preaching Biblical Literature* (Grand Rapids, MI: Eerdmans Publishing, 1988), 221-223.

[4] David Larsen, *Telling the Old, Old Story: The Art of Narrative Preaching* (Wheaton, IL: Crossway Books, 1995), 109.

[5] John D. W. Watts, "Preaching on the Narratives of the Monarchy", *en Biblical Preaching: An Expository Treasury*, ed. James W. Cox (Philadelphia: Westminster Press, 1983), 72-83.

•*Atención al contexto.* En tercer lugar, debemos familiarizarnos lo más posible con el contexto histórico del texto donde se encuentra nuestra historia. Para lograr este propósito el uso de atlas, enciclopedias, mapas, comentarios y los escritos de Elena White nos pueden ser de ayuda ya que de ellos podemos aprender muchos detalles que pueden arrojar mucha luz para el mejor entendimiento de la historia.

•*Preguntas importantes.* Contestar lo más que se pueda preguntas tales como ¿Quién? ¿Qué? ¿Cómo? ¿Cuándo? ¿Dónde? Todo esto nos ayudará a tener una historia completa donde claramente se dentifican los personajes principales, sus hechos, la trama, y especialmente la relevancia para nosotros. Para Hamilton, una narración completa deberá contener los siguientes importantes elementos: Una trama, los personajes, el conflicto, un clímax, una resolución, y una aplicación.[6]

El uso de la imaginación de parte del predicador juega un papel muy importante, ya que ésta puede transportar imaginariamente a la congregación al tiempo de la historia, causando así un efecto muy significativo. Esta imaginación debe ser simple y sencilla pero a la vez atractiva, sin caer en el extremo en que choque o desvíe a los oyentes.

•*Aplicación.* La relevancia o aplicación de esa historia para nosotros y nuestros días es de suprema importancia. En otras palabras ¿Qué tiene que ver esa historia conmigo y con mis problemas? En los momentos oportunos, se debe hacer aplicaciones de la historia con la vida de la audiencia.

---

[6] Donald Hamilton, *Homiletical Handbook* (Nashville:, TN: Broadman Press, 1992), 186-187.

•*No desviar la atención.* Es importante no introducir elementos ajenos a la historia ya que pueden desviar la atención de la misma. Debemos dejar que la historia siga su curso normal y natural. Aunque podrá haber ilustraciones cortas o ciertas experiencias que ayudan al mejor entendimiento de la historia, se corre el peligro de introducir otra historia, la cual puede desviar de la historia principal.

•*Contenido bíblico.* No debemos olvidar que la historia del sermón debe estar íntimamente conectada de alguna forma con alguna doctrina bíblica significativa. Si el sermón no es bíblico, entonces no es un sermón.

•*Cuidado con elementos deductivos.* Debemos evitar la tentación de terminar la historia con elementos deductivos tales como: "Veamos algunas lecciones que se desprenden de esta historia", o "Como podemos notar, los puntos principales de esta historia son o fueron los siguientes". La naturaleza misma del sermón inductivo es que la gente misma descubra y aplique en su vida cuáles son las lecciones principales que se desprenden de la historia.

Greidanus añade tres pasos importantes: Un entendimiento amplio y claro del contexto literario donde se encuentra la narración, conocer el transfondo histórico del texto, y conocer las distintas dimensiones teológicas del pasaje. Indica que este proceso es de mucha importancia por dos razones: La primera tiene que ver con el predicador acercándose y observando detenidamente el mundo que rodea a la narracion, la segunda razón tiene que ver con el "colocar el oído en la tierra", para poder captar el sentido en el cual el texto requiere ser aplicado.[7]

---

[7] Greidanus, *The Modern Preacher and the Ancient Text*, 222-223.

Guías para predicar semones inductivos

Los siguientes puntos son muy importantes para ayudarnos en el momento de la entrega de nuestro sermón inductivo.

•Escribir la historia

El escribir completamente la historia, o por lo menos los puntos más importantes, ayudarán a que recordemos los elementos más sobresalientes de la misma y que sigamos el flujo que ésta requiere. El brincarse puntos o el confundir personajes o eventos puede producir un desastre. Por eso se nos dice que "más vale una mala tinta que una buena memoria".

•Memorizar la historia

Memorizar lo más que podamos para no evitar el contacto visual de la congregación. El predicador debe tener contacto visual con la congregación en todo momento.

•Contar la historia en forma dinámica

La historia debe contarse en forma ágil y dinámica. El uso de ademanes, el diálogo y cambios de voz pueden ayudar mucho al uso de la imaginación de la congregación. Larsen recomienda una forma de narración que combine la flexibilidad y el cuidado a los detalles.[8]

---

[8] Larsen, *Telling the Old, Old Story*, 112-123.

•*Usar materiales ilustrativos*

El uso de materiales ilustrativos pueden también ser de gran ayuda. La selección de estos materiales debe hacerse en forma cuidadosa ya que su uso debe ser realizado en forma muy reverente.

La introducción, la progresión y la conclusión

Cerramos este capítulo con consejos muy útiles y prácticos que presenta David Larsen acerca de las tres partes sobresalientes de todo sermón: La introducción, la progresión, y la conclusión. Desde luego, desde la perspectiva de la predicación narrativa.[9]

Una buena *introducción narrativa* debe contener los siguientes elementos:

•La atención debe ser dirigida hacia el tema central de la historia, por lo tanto no se debe pasar mucho tiempo en la introducción.

•Iniciar el diálogo de la narración, un diálogo entre el expositor y la audiencia.

•Evitar todo material innecesario y distractivo. La transición puede ser directa, procurando lo más que se pueda hacer contacto con la audiencia.

Una *progresión narrativa* efectiva tendrá cuatro aspectos muy importantes:

•Una identificación clara de los bloques narrativos del texto.

•Hacer una selección, traducción, y transición apropiada del texto.

---

[9] Ibid, 121-123.

•Intercalar ilustraciones selectas y apropiadas que lleven a la *orthodoxia* y la *orthopraxis*.

•Cuidado especial al balance de los tres niveles de comunicación: El del significado para la audiencia, el emocional, y la aplicación.

Recomienda que en la *conclusión narrativa* se consideren los siguientes tres puntos:

•No olvidar que el objetivo principal del sermón es persuadir a los oyentes a la acción.

•Lograr un contacto a nivel afectivo.

•Llegar a un *diminuendo* o clímax simbólico aristoteliano.

Para Larsen, la conclusión es de suma importancia en la predicación narrativa por las siguientes razones: Enfatiza la proposición original del sermón, acerca a la audiencia a una respuesta a Dios, cierra el círculo de pensamiento, y lleva a la congregación a un ¡Amén!

Para Buttrick, "mientras que la introducción lleva a la historia central del texto narrativo, la conclusión culmina en la reflexión".[10]

La seria consideración de los elementos mencionados anteriormente nos será de mucha ayuda en la elaboración y entrega efectiva de sermones bíblicos. Eso es homilética en el más alto sentido de la palabra.

---

[10] David Buttrick, *Homiletic: Moves and Structures* (Philadelphia: Fortress Press, 1987), 345.

Conclusión

En esta obra hemos notado en forma muy general los elementos distintivos de la predicación inductiva. Predicar inductivamente es predicar como Jesús predicó, así que el mensajero inductivo está en muy buena compañía.

Las congregaciones en general, especialmente los jóvenes, son más receptivos y susceptibles a los sermones inductivos. Una buena historia, bien contada, puede producir un gran efecto espiritual entre los miembros de la congregación.

¿Qué método se debe utilizar?

¿Se debe predicar inductivamente o deductivamente? ¿Cuál de los dos métodos produce mejores resultados? Nelson, en su proyecto doctoral, demostró empíricamente que para la audiencia de su iglesia, una audiencia de más de dos mil personas, no hizo mucha diferencia cuando se predicó inductivamente a cuando se predicó deductivamente. Nelson llegó a la conclusión de que es mejor utilizar ambos métodos.[1] La misma conclusión a la que llegan Lewis y Lewis, quienes, después de abogar por la predicación inductiva, recomiendan una estrategia donde se combinen los dos métodos para alcanzar una mayor efectividad en la predicación.[2]

Las opciones o las distintas combinaciones son básicamente las siguientes:[3]

Deductivo

Se presenta el punto principal, después se presentan las particularidades con declaraciones deductivas. La estructura es tema–particulares. Es decir, se sigue completamente la forma tradicional de preparar y entregar sermones, los cuales son de naturaleza didáctica. Aquí sobresalen las declaraciones, los puntos y los distintos subpuntos que apoyan a la tesis del sermón.

---

[1]Dwight K. Nelson, *A Comparison of Receptivity to the Deductive and Inductive Methods of Preaching in the Pioneer Memorial Church*, p. 210.

[2]Ralph L. Lewis y Gregg Lewis, *Inductive Preaching,* 117,166.

[3]Sidney Greidanus, *The Modern Preacher and the Ancient Text: Interpreting and Preaching Biblical Literature* (Grand Rapids, MI: W.B. Eerdmans Publishing House, 1988), 142-144.

Inductivo

Se presentan primero las particularidades mediante la narración de una historia y el punto principal viene al final, derivado de las particularidades. La estructura es particulares–tema. Este es el tipo de sermón presentado en esta obra.

Deductivo/inductivo

Este modelo de predicación bíblica es una combinación de los dos anteriores. Es mayormente un sermón deductivo pero con características inductivas. Se presenta el tema, o tesis, luego se presentan las particularidades, y después se presenta el tema al final. La estructura es tema–particulares–tema.

Inductivo/deductivo

Este tipo de sermón es muy parecido al anterior, pero el sermón es mayormente inductivo con ciertas características deductivas. Se presentan las particularidades mediante una narración, después el tema, y por último las implicaciones. La estructura es particulares–tema–particulares.

Jensen claramente confiesa su convicción de la importancia de que haya variedad en la predicación de la siguiente forma:

> He llegado a la convicción de que como predicadores debemos preparar nuestros sermones en una variedad de formatos. Estoy convencido de esto desde el punto de vista de los predicadores

> como desde el punto de vista de la congregación. Estudios en comunicación humana nos dicen que la gente aprende y escucha en forma diferente; reciben la comunicación en diferentes maneras. Hay personas que siguen mejor un argumento lógico. Otras necesitan cuadros verbales para mejorar su comunicación. Y otras no agarrarán el mensaje del todo si sus instintos emocionales no son involucrados.[4]

El predicador Cristiano moderno hará todo lo posible por presentar el mensaje de Dios de la manera más efectiva posible y tratará a toda costa de seguir el ejemplo del Gran Maestro en la predicación.

¿Qué lecciones generales podemos aprender de la predicación de Jesús? Raymond Bailey identifica las siguientes:[5]

•Jesús mantuvo una relación muy única con Dios.

•Resistió las apelaciones satánicas a adoptar medios seculares para lograr sus propósitos espirituales.

•Jesús no derivó autoridad de ninguna institución. Tuvo que ganarse el respeto de su audiencia mediante la demostración de conocimiento, integridad y preocupación genuina por la gente.

•Jesús nunca alabó la ignorancia ni menoscabó el aprendizaje, al contrario, mostró aprecio a la tradición de aprender lo más posible.

•Jesús nunca les pidió a los discípulos que hicieran algo que él mismo no estaba dispuesto a hacer.

---

[4] Jensen, *Telling the Story*, pp. 9, 10.

[5] Ver Raymond Bailey, *Jesus The Preacher*, 104 – 119.

●Jesús desafió a las instituciones establecidas hasta el punto de costarle en forma personal.

●Jesús practicaba en privado lo que predicaba en público.

●Jesús rechazó toda forma de compromiso para lograr sus propósitos.

●Jesús usó lo familiar para comunicar a su audiencia lo que no era familiar. Conocía el lenguaje, las costumbres, la historia y las necesidades de la gente.

●Jesús sabía exactamente lo que quería y desarrolló estrategias para lograrlo.

●Jesús hizo referencias a textos cortos de la Biblia. Explicaba esos textos en términos de su aplicación a los contextos contemporáneos.

●La predicación de Jesús fue casi siempre de naturaleza inductiva. Involucraba a sus oyentes en el proceso de razonamiento en lugar de pedirles que aceptaran alguna verdad predeterminada. En lugar de explicar o definir, contaba historias o traía a la memoria algún evento familiar a su audiencia.

●Jesús se identificó y ministró a los más necesitados y a los oprimidos.

Dios bendiga a cada predicador moderno para que su vida, sus enseñanzas y su predicación sean cada vez más semejantes a las de Jesús.

Bibliografía

Alter, Robert. *The World of Biblical Literature*. New York: Basic Books, 1981.

Anchor Bible Dictionary, The. 1era. ed. vol. 4, s.v. "Hebrew Narrative", 1992.

Arrastía, Cecilio. *Comentario bíblico hispanoamericano: Teoría y Práctica de la Predicación*, ed., Justo L. González. Miami, FL: Editorial Caribe, 1992.

Bailey, Raymond. *Jesus the Preacher*. Nashville: Broadman Press, 1990.

Bailey, James L. y Vander Broeck, Lyle D. *Literary Forms in the New Testament: A Handbook*. Louisville, K.Y.: Westminster/John Knox Press, 1992.

Barr, David L. *The New Testament Story: An Introduction*, 2da. ed. Belmont, CA: Wadsworth Publishing, 1995.

Barr, James. *The Bible and the Modern World*. New York: Harper and Row Publishers, 1973.

Bar-Efrat, Shimon. "Some Observations on the Analysis of Structure in Biblical Narrative," *Vetus Testamentum* 30. 1980.

__________. "Introduction", en *Narrative Art in the Bible*, eds. David J. A. Clines y Philip R. Davies, Journal for the Study of the Old Testament Supplement Series 70. England: Almond Press, 1989.

Bass, George M. *The Song and the Story*. Lima, Ohio: C.S.S. Publishing, 1984.

Blackwood, Andrew. *Doctrinal Preaching*. Nashville: Abingdon Press, 1956.

Brilioth, Yngve *A Brief History of Preaching*. Philadelphia: Fortress Press, 1965.

Broadus, John A. *On Preparation and Delivery of Sermons*. San Francisco: Harper and Row, 1979.

Broyles, Craig. "Interpreting the Old Testament" en *Interpreting the Old Testament: A Guide for Exegesis*, ed., Craig C. Boyles. MI: Baker Book House, 2001.

Brueggeman, Walter. *The Creative Word: Canon as a Model for Biblical Education*. Philadelphia: Fortress Press, 1982.

Bryan, Dawson C. *The Art of Illustrating Sermons*. New York: Abingdon-Cokesbury Press, 1938.

Bryson, Harold T. *Expository Preaching.* Nashville, TN: Broadman & Holman Publishers, 1995.

Buechner, Frederick. *Telling the Truth.* San Francisco: Harper and Rowe Publishers, 1977.

Bugg, Charles B. *Preaching from the Inside Out.* Nashville, TN: Broadman Press, 1992.

Buttrick, David. *Homiletic: Moves and Structures.* Philadelphia: Fortress Press, 1987.

Craddock, Fred B. *As One Without Authority.* Enid, OK: The Phillips University Press, 1971.

__________. *Overhearing the Gospel.* Nashville, TN: Abingdon Press, 1978.

__________. "Narrative: Distance and Participation", en *Theories of Preaching: Selected Readings in the Homiletical Tradition*, ed. Richard Lischer. Durham, N.C.: Labyrinth Press, 1987.

Crane, James D. *El sermón eficaz.* El Paso, Texas: Casa Bautista de Publicaciones, undécima edición, 1986.

Crites, Stephen. "The Spatial Dimensions of Narrative Truthtelling", en *Scriptural Authority and Narrative Interpretation*, ed., Garrett Green. Philadelphia: Fortress Press, 1987.

Crum, Milton. *Manual on Preaching: A New Process of Sermon Development.* Valley Forge, PA: Judson Press, 1977.

Davidsen, Olé. *The Narrative Jesus: A Semiotic Reading of Mark's Gospel.* England: Aarhus University Press, 1993.

Davis, H. Grady *Design for Preaching.* Philadelphia: Fortress Press, 1958.

Demaray, Donald E. *An Introduction to Homiletics*, 2da. ed. Grand Rapids, MI: Baker Book House, 1991.

Erickson, Millard J. y Heflin, James L. *Old Wine in New Wineskins: Doctrinal Preaching in a Changing World.* Grand Rapids, MI: Baker Books, 1997.

Eslinger, Richard L. *Narrative and Imagination: Preaching the Worlds that Shape Us.* Minneapolis: Fortress Press, 1995.

Esquenazi, Tamara C. "Torah as Narrative", en *Old Testament Interpretation: Past, Present, and Future*, eds., James L. Mays, David L. Peterson, y Kent H. Richards. Nashville: Abingdon Press, 1995.

Fant, Clyde E. *Preaching for Today.* San Francisco: Harper and Row, 1987.

Fasol, Al. "Preaching in the Present Tense: Coming Alive to the Old Testament" en George L. Klein, ed. *Reclaiming the Prophetic Mantle, Preaching the*

Old Testament Faithfully. Nashville, TN: Broadman Press, 1992.

Fee, Gordon y Douglas, Stuart. *How to Read the Bible for All its Worth: A Guide to Understanding the Bible.* Grand Rapids, MI: Baker Book House, 1979.

Fokkelman, Jan. *Reading Biblical Narrative: An Introductory Guide.* Louisville, K.Y.: Westminster John Knox Press, 1999.

Ford, David F. "Narrative Theology", en *Dictionary of Biblical Interpretation*, eds., R. J. Coggins y J.L. Houlden. London: SCM Press; Philadelphia: Trinity Press International, 1990.

Francisco, Clyde T. "Preaching from the Primeval Narratives of Genesis," en *Biblical Preaching: An Expositor's Treasury*, ed., James W. Cox. Philadelphia: Westminster Press, 1983.

Funk and Wagnalls New Practical Standard Dictionary of the English Language, s.v. "Narrative", 1947.

Greidanus, Sidney. *The Modern Preacher and the Ancient Text, Interpreting and Preaching Biblical Literature.* Grand Rapids, MI: Eerdmans Publishing, 1988.

Halverson, William H. *A Concise Introduction to Philosophy.* New York: Random House, 1967.

Hamilton, Donald. *Homiletical Handbook*. Nashville: TN: Broadman Press, 1992.

Handy, Francis. *Jesus The Preacher*. New York: Abingdon Press, 1959.

Haynes, Carlyle B. *The Divine Art of Preaching*. Washington, D.C.: Review and Herald Publishing Association, 1939.

Hibben, John Grier. *Logic, Deductive and Inductive*. New York: Charles Scribner's Sons, 1908.

Holbert, John C. *Preaching Old Testament: Proclamation and Narrative in the Hebrew Bible*. Nashville: Abingdon Press, 1991.

Holland, DeWitte T. *The Preaching Tradition*. Nashville: Abingdon Press, 1980.

House, Paul. "Narrative Preaching", en *Handbook of Contemporary Preaching*, ed. Michael Duduit. Nashville: Broadman Press, 1992.

Hybells, Bill. "Speaking to the Secularized Mind", en *Mastering Contemporary Preaching*, eds. Bill Hybells, Stuart Briscoe y Haddon Robinson. Oregon: Multnomah Press, 1990.

Jeremias, Joachim. *The Parables of Jesus*, 2da. ed. rev. New York: Charles Scribner's, 1972.

Jensen, Richard A. *Telling the Story*. Minneapolis, MN: Augsburg Publishing House, 1980.

__________. *Thinking in Story: Preaching in a Post-literate Age*. Lima, OH: CSS Publishing, 1993.

Kaiser, Jr. Walter C. "The Meaning of Narrative", en *An Introduction to Biblical Hermeneutics: The Search for Meaning*, ed. Walter C. Kaiser. MI: Zondervan Publishing House, 1994.

__________. "Narrative", en *Craking Old Testament Codes: A Guide to Interpreting the Literary Genre's of the Old Testament*, eds., D. Brent Sandy y Roland L. Giese, Jr. Nashville: Broadman & Holman Publishers, 1995.

Kerr, Hugh Thompson. *Preaching in the Early Church.* NY: Fleming H. Revell Co., 1942.

Ker, John. *Lectures on the History of Preaching*. N.Y.: Hodder & Stoughton, 1889.

Kistemaker, Simon. *The Parables: Understanding the Stories Jesus Told.* Grand Rapids, MI: Baker Books, 2002.

Kittel, Gerhard, ed., *Theological Dictionary of the New Testament.* vol. 3 Grand Rapids, Michigan: William B. Eerdmans Publishing Company, 1977.

Kort, Wesley A. *Story, Text, and Scripture: Literary Interests in Biblical Narrative*: Pennsylvania: Pennsylvania University Press, 1988.

Larsen, David L. *The Anatomy of Preaching: Identifying the Issues in Preaching Today.* Grand Rapids, MI: Baker Book House, 1989.

Larsen, David. *Telling the Old, Old Story*: *The Art of Narrative Preaching.* Wheaton, IL: Crossway Books, 1995.

Lowry, Eugene. *The Homiletical Plot: The Sermon as Narrative Art Form*. Atlanta, GA: John Knox Press, 1980

Lewis, Ralph y Lewis, Gregg. *Inductive Preaching: Helping People Listen.* Westchester, Il. Crossway Books, 1983.

Lewis, Ralph y Lewis Gregg. *Learning to Preach Like Jesus*. Westchester, IL: Crossway Books, 1989.

Lewis, Ralph. "The Triple Brain Test of a Sermon", *Preaching,* vol. 1, no. 2. 1985.

Liefeld, Walter L. *New Testament Exposition From Text to Sermon.* Grand Rapids, MI: Zondervan Publishing House, 1984.

Lockyer, Herbert. *All the Parables of the Bible*. Grand Rapids, MI: Zondervan Publishing House, 1963.

Long, V. Philips. "Reading the Old Testament as Literature" en *Interpreting the Old Testament: A Guide for Exegesis*, ed. Craig C. Broyles. MI: Baker Book House, 2001.

Loughlin, Gerard. *Telling God's Story: Bible, Church, and Narrative Theology*. Cambridge: Cambridge University Press, 1996.

Lueking, F. Dean. *Preaching: The Art of Connecting God to People*. Texas: Word Books, 1995.

Martin, Francis, ed., *Narrative Parallels of the New Testament*. Atlanta, GA: Scholars Press, 1989.

Mathews, Kenneth A. "Preaching Historical Narrative", en George L. Klein, ed. *Reclaiming the Prophetic Mantle, Preaching the Old Testament Faithfully*. Nashville, TN: Broadman Press,1992.

McDill, Wayne. *The 12 Essential Skills for Great Preaching*. Nashville, TN: Broadman & Holman Publishers, 1994.

__________. *The Moment of Truth: A Guide to Effective Sermon Delivery*. Nashville, TN: Broadman and Holman Publishers, 1999.

McCurley, Jr., Foster R. *Proclaiming the Promise: Christian Preaching from the Old Testament*. Philadelphia: Fortress Press, 1974.

Miller, Calvin. *Spirit, Word & Story*. Dallas: Word Publishing, 1989.

Navone, John. *Communicating Christ*. England: St. Paul Publications, 1976.

Nelson, Dwight K. *A Comparison of Receptivity to the Deductive and Inductive Methods of Preaching in the Pioneer Memorial Church*. An Unpublished D.Min. Project Report. Andrews University, 1986.

Newton, J. Fort. *The New Praching*. Nashville, TN: Cokesbury Press, 1930.

Oxford Latin Dictionary, s.v. "Narrator", 1982.

Pate, Ronald E. "Preaching the Parables of Jesus: An Analysis of Selected Twentieth Century Sermons". An unpublished Th.D. Dissertation, New Orleans Baptist Theological Seminary, 1988.

Prince, Gerald. *A Dictionary of Narratology*. Lincoln: University of Nebraska Press, 1987.

Robinson, Haddon W. *Biblical Preaching: The Development and Delivery of Expository Preaching*. Grand Rapids: Baker Book House, 1980.

Robinson, Wayne Bradley, ed. *Journeys Toward Narrative Preaching*, NY: The Pilgrim Press, 1990.

Romero, Francisco y Pucciarely, Eugenio. *Lógica*. Buenos Aires: Espasa-Calpe, 1947.

Rose, Lucy A. "Preaching in the Round-Table Church," Ph.D. dissertation, Graduate School of Emory University, 1994.

Ryken, Leland. "The Literature of The New Testament", en *A Complete Literary Guide to the Bible*, eds., Leland Ryken y Tremper Longman, III. Grand Rapids, MI: Zondervan Publishing House, 1993.

Salmon, Bruce C. *Storytelling in Preaching*. Nashville, TN: Broadman Press, 1988.

Sangster, W.E. *The Craft of Sermon Construction*. Philadelphia: Westminster Press, 1951.

Sands, P.C. *Literary Genius of the Old Testament*. Oxford: Oxford University Press, 1926.

Sauer, Erich. *The Triumph of the Crucified*. Grand Rapids, MI: Eerdmans Publishing Company, 1977.

Schneider, Herbert N. "Biblical Narrative and Modern Conscienciousness," en *The Bible and The Narrative Tradition*, ed., Frank McConnell. New York: Oxford University Press, 1986.

Sider, John W. *Interpreting the Parables: A Hermeneutical Guide to their Meaning*. Grand Rapids, MI: Zondervan Publishing House, 1995.

Simon, Ulrich. *Story and Faith in Biblical Narrative*. London: SPC, 1975.

Stein, Robert H. *The Method and Message of Jesus' Teachings.* KY: Westminster John Knox Press, 1994.

Stott, John W. R. *Between Two Worlds: The Art of Preaching in the Twentieth Century.* Grand Rapids, MI: Eerdmans Publishing, 1982.

Terry, Milton S. *Biblical Hermeneutics.* N.Y.: Eaton and Mains, 1883.

Tucker, Gene M. "Reading and Preaching the Old Testament", en *Listening to the Word: Studies in Honor of Fred B. Craddock*, eds., Gail R. O'Day y Thomas G. Long. Nashville: Abingdon Press, 1993.

Van Harn, Roger E. *Pew Rights: For People Who Listen to Sermons.* MI: W.B. Eerdmans Publishing, 1992.

Wardlaw, Donald. *Preaching Biblically.* Philadelphia: The Westminster Press, 1983.

Watts, John D. W. "Preaching on the Narratives of the Monarchy", *en Biblical Preaching: An Expository Treasury*, ed. James W. Cox. Philadelphia: Westminster Press, 1983

White, E. G., Carta 47, 1886.

__________. *El evangelismo.* Buenos Aires, Argentina: Asociación Casa Editora Sudamericana, 1975.

__________. *Joyas de los testimonios*. Mountain View, California: Publicaciones Interamericanas, Pacific Press Publishing Association, 1971. vol. 1.

__________. *El deseado de todas las gentes*. Mountain View, California: Publicaciones Interamerica-nas, Pacific Press Publishing Association, 1968.

__________. *Palabras de vida del gran Maestro*. Mountain View, California: Publicaciones Interamericanas, Pacific Press Publishing Association, 1971.

Willimon, William H. "Stories and Sermons: A look at preaching as Storytelling", *The Christian Ministry*, 14. 1983.

Wright, Christopher J. H. *Knowing Jesus Through the Old Testament*. Downers Grove, IL: Inter Varsity Press, 1995.

Otros libros por el Dr. Alfonso Valenzuela

Casados pero contentos presenta los elementos teológicos y psicológicos más importantes que ayudan a tener un matrimonio feliz.

En estos tiempos, cuando tantos matrimonios terminan en el divorcio o viven vidas miserables, qué oportuno es tener consejos que permitan lograr matrimonios felices.

Esta obra trata detenidamente los problemas matrimoniales mas comunes asi como sus posibles soluciones. 128 páginas.

"En un mar de libros sobre el matrimonio, ¡Que grato es encontrar algunos que sean confiables! Este es uno de ellos. La luz que precede de la Palabra de Dios ilumina los pensamientos del autor, quien con claridad comparte orientaciones que ayudan a la pareja en su camino a una felicidad tan brillante como el mediodía". Ismael Castillo.

Este libro tiene como propósito enseñar a las parejas cómo mantenerse locamente enamoradas en el matrimonio.

Se presentan principios y consejos de mucha utilidad para mantener encendida la chispa del amor en el matrimonio.

Se presenta el amor como la clave para un matrimonio feliz. El secreto de un matrimonio de éxito es seguirse tratando como se trataban en el noviazgo: Muchas manifestaciones de amor y cariño. El amor fue lo que los llevó ante al altar y será el amor lo que los mantendrá juntos para siempre.

Este libro debería ser leído por toda pareja que desea la completa felicidad en su relación matrimonial. 112 páginas.

En este volumen se atesora un abarcante caudal de información asobre el grandioso tema de la predicación cristiana. Casi toda la totalidad de los puntos básicos de este arte divino, sin faltar aquéllos de más utilidad práctica, aparecen tratados por el autor con rica documentación, estilo sencillo y lógico, y con gran amor a su obra.

El lector aprenderá los tres tipos de sermones deductivos (los temáticos, los textuales, y los expositivos), la importancia de la introducción, el cuerpo y la conclusión, el uso de las ilustraciones, cómo hacer bosquejos y muchos otros temas de interés. Este libro no debe faltar en la biblioteca de todo predicador cristiano. Es el compañero de *Así Predicó Jesús*. 128 páginas.

Cómo fortalecer la familia presenta temas de mucho interés e importancia para todos aquellos que desean tener hogares felices.

En estos tiempos en que los hogares están pasando por momentos difíciles, qué oportuno es tener a la mano un libro como éste donde se presentan y analizan conceptos que ayudan al enriquecimiento de todo el sistema familiar.

Este libro puede ser de mucha ayuda para llevar a toda familia exitosamente a través del ciclo familiar. Entre los temas que se presentan estan los siguientes: La familia en crisis, causas y soluciones; el divorcio y cómo evitarlo; el culto familiar; el concilio familiar; la violencia doméstica; pasos para fortalecer la familia. Cada uno de esos temas son analizados a la luz de la Palabra de Dios y con bases psicológicas derivadas de recientes investigaciones. 256 páginas.

De las distintas estaciones por las que pasa todo ser humano, no cabe duda que una de las más alegres y bonitas, interesantes y con grandes consecuencias, es aquella que se conoce como el noviazgo. Es tal vez el pasaje de la vida más lleno de amor, felicidad, romanticismo, ilusiones y muchas otras cosas bellas que le dan un sabor muy único y especial. *Juventud Enamorada* tiene como propósito ayudar a los jóvenes enamorados a pasar con éxito por esa etapa de la vida, señalando los elementos importantes que deben estar presentes en un noviazgo, para asegurar, hasta donde sea posible, el bienestar matrimonial.

"Qué pena que no habia un libro como éste cuando mi esposa y yo eramos novios. Recomiendo este libro a todo joven enamorado" – Pastor José V. Rojas.

El método que no falla. Qué bueno sería si los hijos vinieran con un manual de instrucciones. Aunque fuera una leve idea acerca de cómo tratarlos y sobre todo cómo criarlos y disciplinarlos. Aunque no lo admitamos, todos necesitamos ayuda. Este libro provee el tipo de información práctica y necesaria que le enseña a todo padre y madre cómo disciplinar a sus hijos mediante un método que no solo es de gran efectividad sino que además no falla.

Todo padre que desea que sus hijos triunfen en la vida, este libro les ayudará a transmitirles los valores que harán esto posible. *El método que no falla* presenta consejos prácticos y muy útiles para la crianza y la disciplina de los hijos. 128 páginas.

"Todo aquel que quiera aprender acerca de este tema lea ávidamente este libro, tarea que será un placer debido al estilo literario tan único del autor. El estilo claro y directo provee muchas ilustraciones que permiten entender claramente cada asunto que se presenta" – Johnny Ramírez.

"No quiero, hermanos, que ignoréis acerca de los dones espirituales" (1 Corintios 12:1). Con esas palabras el apostol San Pablo introduce el tema de los dones espirituales. La doctrina de los dones espirituales ocupa un lugar de suprema importancia en las Sagradas Escrituras. Varias porciones de las escrituras están dedicadas a presentar y exponer claramente el tema, destacándose especialmente Romanos 12, I Corintios 12, Efesios 4 y I Pedro 4. Por lo tanto, hay suficiente evidencia bíblica para estudiar este interesante tema.

Además de presentar las distintas funciones del Espíritu Santo, especialmente la de dador de los dones espirituales, esta obra presenta varios pasos para descubrir los dones espirituales que Dios ha concedido a cada miembro del cuerpo de Cristo. 108 páginas.

Música y cantos espirituales por

Veruschka

Para más información acerca de:

◊ Los libros
◊ Seminarios para familias, matrimonios o jóvenes
◊ CDs de Veruschka

favor escribir a:

vale@andrews.edu
drvale@yahoo.com

Favor de visitar la siguiente página en el Internet:
livingministry.com

Alfonso Valenzuela has established an illustrious and fruitful career as a seminary professor, pastor, and author in the Seventh-day Adventist Church. His expertise in the area of marriage and family life has made him a sought-after authority in this field.

He received a Masters of Divinity degree from Andrews University, a Doctor of Ministry and a Doctor of Philosophy degree from Fuller Theological Seminary.

In addition to the dozens of articles he's written for various church publications, he has written several books on marriage and family and preaching.

He is the co-founder of Living Ministry, and with his family they present "Transforming Seminars," an enrichment program to enhance family life. He teaches Pastoral Counseling and Marriage and Family Studies at Andrews University.

Notas

Notas